不怕死　不愛錢

丈夫決不受人憐

頂天立地男兒漢

磊落光明度餘年

張學良　九五年
十二月卅一日

少帅张学良

赵一荻艺术照

年轻时的赵一荻

西安事变前的张学良与杨虎城

张学良与蒋介石（前排左一、左二）

张学良与赵一荻台湾井上温泉幽禁照

井上温泉远离城镇，山居生活中张学良与赵一荻种上几畦菜贴补"家用"

赵一荻在喂鸡。这些鸡下的蛋成为她和张学良山中幽禁生活中必不可少的"营养品"

能够熟练使用缝纫机的赵一荻

张学良与赵一荻居家用早餐

张学良与赵一荻在网球场（左一为监视他们生活的特务刘乙光）

书架上的图书记录了赵一荻的"伴读"时光

幽禁岁月中，晨起，先打一套八段锦，这是张学良养成的习惯

晚年时的张学良与赵一荻

张学良与赵一荻合葬于夏威夷神殿之谷

# 世纪之恋

## 张学良与赵一荻

纳 米／著

山西出版传媒集团

北岳文艺出版社

BEIYUE LITERATURE & ART PUBLISHING HOUSE

图书在版编目（CIP）数据

世纪之恋：张学良与赵一荻／纳米著 . — 太原：
北岳文艺出版社 , 2015.7
　（民国爱情传奇）
　ISBN 978-7-5378-4511-3

　Ⅰ . ①世… Ⅱ . ①纳… Ⅲ . ①张学良（1901 ～ 2001）
－生平事迹②赵一荻（1912 ～ 2000）－生平事迹
Ⅳ . ① K827=7 ② K828.5

中国版本图书馆 CIP 数据核字（2015）第 175381 号

| | | |
|---|---|---|
| 书　　名 | 世纪之恋：张学良与赵一荻 | |
| 著　　者 | 纳　米 | |
| 责任编辑 | 张　丽 | |
| 设计制作 | 鸿儒文轩 | |
| 出版发行 | 山西出版传媒集团·北岳文艺出版社 | |
| 地　　址 | 山西省太原市并州南路 57 号 | |
| 邮　　编 | 030012 | |
| 电　　话 | 0351-5628696（太原发行部） | |
| | 010-57427866（北京发行部） | |
| | 0351-5628688（总编室） | |
| 传　　真 | 0351-5628680 | |
| 网　　址 | http://www.bywy.com | |
| E-mail | bywycbs@163.com | |
| 印刷装订 | 三河市华东印刷有限公司 | |
| 开　　本 | 787×1092　 1/16 | |
| 字　　数 | 230 千字 | |
| 印　　张 | 17 | |
| 版　　次 | 2015 年 7 月第 1 版 | |
| 印　　次 | 2020 年 10 月河北第 2 次印刷 | |
| 书　　号 | ISBN 978-7-5378-4511-3 | |
| 定　　价 | 35.00 元 | |

# 前言

　　废墟上的罂粟，它的诱惑，在于苍凉中的凄艳，温柔中的浓烈，优雅中的孤寂，缠绵中又隐匿着危险。这般独特迷人的风韵，正如20世纪的民国所散发的气息。那个由故事组成的传奇年代，如同罂粟，盛放在后人回首凝望的目光之中，我无法想象，会有另一个时代，绝美至此。

　　若说起江南，那必是水的灵动，像一位哼着小曲儿的采莲女；若说起北国，那必是雪的桀骜，像是一位白衣飘飘的冰美人。若说起民国呢？你永远无法弄清她的韵。她是像谜一样的女子，带着远古的典雅，带着大洋彼岸的淫靡，一颦一笑，眉眼轻佻，足以摄人魂魄。蓝底碎花旗袍曼妙的余韵中，谱写了一场又一场美到极致的风花雪月。我喜欢"极致"这个形容，民国男子或女子，不乏用生命去恋爱或者写作，或者爱国的人，这样的人真是浪漫到极致。因着那一份纯粹得滴血的心，他们变成了一段段传说。

所谓传说，我喜欢它更甚于传奇。

同样徘徊在真实与虚妄之间，传说却更有诗的蕴含，每一个传说，都是一首不朽的诗。

翻阅古老的文字，看张学良与赵一荻的故事，我同样看到了一首诗。"死生契阔，与子成说，执子之手，与子偕老"。美得心醉，美得心碎。

我愿陪君半生戎马，我愿伴君一世幽囚。

舞会上的惊鸿一瞥，赵一荻是众多红粉玫瑰中唯一的清水芙蓉，缘分的红线早已暗自在她的心中打下相思结。一切都是注定，所谓缘定三生也不过如此吧。

然而这些，她不知。对东北军的抵触，变为对张学良的误解。1927年，奉系的势力已达京津一带，所以张学良经常去天津公干，他的业余时间经常是在各种娱乐场所打发的，当时天津最赫赫有名的社交场所是蔡公馆。张学良在蔡公馆为赵一荻举办盛大的舞会，在此之前，张学良曾在《北洋画报》上见过赵一荻的照片，如今他想见一见她，那个让他念念不忘、清丽脱俗的画中佳人。她却毫不领情，因为对东北军的偏见迁怒于张学良便从舞会上转身离去，率真而骄纵地拒绝了少帅单纯的好意，世人大多以为这对金童玉女是一见钟情，事实上，第一次见面的情景只是这样而已，并不有趣，也并不愉快。

原以为彼此再无交集，谁曾料到，故事并没有结束，张学良竟是她一生错认的良人。当然，已经不重要了，是她认定的，便好。

少年裘马，衣履风流，早已注定的缘分终会到来。1927年，那个炎炎的夏季似乎也预示了一段炽热感情的开始。她与友人在北戴河游泳，夏季的北戴河风云莫测，突然涌来的恶浪令她昏厥在水中，友人们惊慌失措地呼救。危急时刻，来此避暑的张学良恰巧经过，奋不顾身的相救，造就英雄救美的桥段，虽然他并不知落水的姑娘正是半年前舞会初遇的故人。也许是因为张学良的侠义与善良，他们才会有一个完美重逢的机会，尽释前嫌，最终成为一对被神祝福的璧人吧。海难之后，他住进了她的心里，不再是飞扬跋扈的少帅，而是温润如玉的公子。情长不过相思，他已有妻室，又如何？他风流成性，又如何？她不计名分，也誓要随君一生。

纵观赵四小姐的一生，爱情，便是她的生命，夫大于天，她用生命去爱他，一无所求。情不知所起，一往而深。情深至此，怎不令看客泪垂。

唯愿君心似我心，定不负相思意。

这样的女子，谁遇见，都是一种幸运，少帅张学良自然也不例外。最初的印象来自《北洋画报》封面那个清丽脱俗的女子，难道这就是冥冥之中早已注定的缘分，那个画上的女子，那个比画还美的女子，他终究会遇到。

世人虽说少帅风流，却也知晓他敢爱敢恨，甚至是一种接近童真的爱恨。所以，当他在费尽心思为她举办的舞会上遭拒绝，又在另一场海难中无意救了她时，他们之间的错过被弥合得天衣无缝。爱情随之降临，如同可爱的洪水猛兽，轰轰烈烈，他追随着内心的直觉，热烈地追求她，与她共舞，甚至是交谈，都令他心情无比愉悦。

他们就这样，双双坠入爱河。我总喜欢把相爱的人比作一对彩蝶，恋爱的心情像飞翔，那么美丽那么轻盈。然而少帅是知道的，他们之间没有以后，浪迹情场的他，面对单纯如孩童的少女，他唯一给不了的，就是承诺。

　　年轻的爱情，纤尘不染，那枝清丽脱俗的水莲花呢？少帅以为会永远盛开在心里，却不知，她不甘如此，她不仅仅有不胜凉风的娇羞，还有追寻爱情的勇气。她是家教良好的大家闺秀，为他，出入舞厅，为他，被父软禁，如今，也可为他，抛弃一切！

　　那个危险而动荡的时代，她愿放弃一切依靠，冒天下之大不韪和一个已有妻室的男人出走。结果可想而知，自然是满城风雨，而对于她，则是狂风暴雨。弱小的肩膀，为了爱情，承受了多少沉重，名不正言不顺的尴尬，无法逃避的流言蜚语，背井离乡的忧愁，父亲登报与她断绝关系的凄凉。

　　一只孤舟，飘零在茫茫大海中，没有方向，亦没有回头的路。只有追随着风的方向，风进入了它的心，便心甘情愿随它漂流，哪管它是微风，还是飓风。

　　而对于赵四小姐，张学良就是她的风，也许这样的爱情，从一开始，就不是公平的。像极了那个落寞的才女所言，"见了他，她变得很低很低，低到尘埃里，但她的心里是欢喜的，从尘埃开出花来"。然而，这份不被世人看好的感情，却是两人一生的羁绊，只因他们爱得刻骨铭心，只因她爱得执着。

　　风流的少帅并非处处留情，可是他身边却也从来不缺乏女人。然而她是不同的，她是唯一的，一个女子，拥有牡丹的高贵，兰花的清幽，芙蓉的清丽，她必定是一个出众的女子。更何况，她还是一位痴情的女子，跟随张学良的前两年，她甚至不能进入帅府，当然，私奔的她更不可能回家，受到这样的委屈，赵四依然对张学良一心一意，甚至愿意冒着生命危险为他诞下一个可爱的儿子。

　　张学良对她自是怜爱，然而她知晓，她不是他的唯一。一个女人，

屈身至此，只因她深爱着那个男人。如果不是"西安事变"，也许她永远只是他的"其中之一"。

张学良不止有爱情，他还有江山，做他的女人，是一件危险的事情，然而，赵四小姐愿意为他担惊受怕，陪他出生入死。"西安事变"，一个已经被历史化了的词语，我们读来，也许热血沸腾，但是绝对无法理解当时的战火纷飞危机四伏。

烽火硝烟，是遥远的动荡。背景是满目疮痍的神州大地，日军步步紧逼，国共明争暗斗，蒋介石又坚持"攘外必先安内"，如此局势，窘迫而危急，张学良的选择至关重要，而他，深孚众望，民族战胜了党派，他，扭转了历史。

一位视忠诚与义气为无价之宝的将军，经受了怎样的挣扎，才做出此等选择，又是以怎样的勇气，为了国家不计后果，置个人生死荣辱于度外。

从此，戎马生涯的风光无限变成了幽囚岁月的举步维艰。他为对蒋介石的背叛痛苦不堪，为失去自由的处境无能为力，然而，他也是幸福的，他的心中，有一个因为他焕然一新的中国，他的身边，有一位不离不弃的红颜知己。

丢弃了铠甲的战士，再也无法叱咤风云，自此变成乡野村夫，恬淡静默。雄鹰被折了双翼，猛虎离开了山林，是一种修炼，所有的狂放不羁渐渐变成心如止水。然而，亦是一种"凌迟"吧，时光的"凌迟"最无奈，数十年的山中岁月平淡孤寂，足以让任何人的英雄气概寂灭。

他捧一本王阳明的书，孤灯独伴，寂静苍凉，然后是《明史》，他都费心地研究，年少时好学的习性依然在，却再也要不起那时的志气了。此时的他，更像一位儒者，他曾是纵横疆场的将军，他曾是沉迷毒品的莽夫，他曾是浪迹情场的少帅，啊，那是许久之前的事了，此时他想起这些事，一定会温柔地拉着身边的赵四小姐的手，静静地笑着，笑容平淡，谁也看不出，是不是带着苦涩？

然而长长的幽囚岁月却成全了赵四小姐，爱情里，她赢了，因为她是他的唯一。

这样的胜利何其心酸，世上大概没有第二个女子，会离开自己的亲生孩子，甘愿由一朵万种风情而又不沾世间尘土的芙蓉变为乡间路边的一朵无名野花，用自己的青春陪伴情人过着被软禁的日子，这样的胜利多傻，可是她愿意，只要可以陪着他，变为乡间的普通妇人又如何？

一个城市沦陷了，却原来是为了成全一对男女的爱情。到后来，他还是爱她的，因为，她是"最患难的妻子"。

《倾城之恋》中，范柳原和白流苏在战乱中终于成为相濡以沫的患难夫妻，而张学良和赵四小姐，又何尝不是呢？她的爱，她的痴，他看在眼里，却是在走投无路时才真正发现，他如此需要她。

他们结婚了。

婚礼朴素简单，却典雅甜蜜。她身着旗袍，素净脱俗，却已是白发新娘。他雄姿不再，但依然精神矍铄。这大概是最浪漫也最凄美的婚礼了吧，它得到所有人的祝福，它是如此完美，以至我们都不曾言说，它是一场迟到的梦，以至我们都忘记，它曾经面对的，和现在依然面对的，坎坷。

爱情是什么，谁也说不清。然而谁也不能否认，那对画中女子的心念一动，即是爱情；那烽火硝烟中的不离不弃，也是爱情；那山中岁月的长情陪伴，更是爱情。那么，我是否可以毫不怀疑地相信，少帅张学良与赵四小姐，他们之间的，就是爱情。

即使英雄折断双翼，即使莲花坠入凡尘，即使日子寡淡如水，即使白发相对，我仍还不怀疑地相信，这，就是爱情，传说一样的爱情。

婚礼是甜蜜幸福的，却并没有结束他们的苦难，他们辗转各地，始终没变的是一直被软禁的日子。贫贱夫妻百事哀，然而当铅华洗净，当他们真的心如止水，日子细水长流居然也非常和谐。他们像所有普通的夫妻一样，过着恬淡的生活，所有的不甘已在岁月中消失，他愈发显示出儒者风度，而她，作为他的"妻"，名正言顺的妻，只是一心照顾丈夫，便是幸福了。

幽禁岁月长达半个多世纪，他们携手走过，获释后，两人在夏威夷颐养天年。半个多世纪，他们都已是白发苍苍的老人了，那些年的戎马岁月已是云烟，恍如隔世。这样的结局也算圆满了，两位老人，在最后的岁月，是平静的吧。

回望这大半个世纪的爱情传奇，我们仍不免唏嘘。民国时期的爱情，真是耗尽了生命的热度，与昙花一现的故事相比，白头偕老，大概是最好的结局了吧。

英雄冢，美人墓，魂归何处？我们从泛黄的书页上，阅读着他们的故事，荡气回肠，几分惋惜，几分祝福，几分唏嘘。依稀可以望见青灯之下，捧着书卷的男人和为他小心披上衣服的女子，像世间任何一对相濡以沫的平凡夫妻。

弹一弹尘土，唯有微笑，这样的故事，永垂不朽。

# 目录

contents
世纪之恋：张学良与赵一荻

**第五卷**

# 执子之手愿偕老

第 一 卷

今夕何夕遇良人

# 文武双全贵公子

那是最好的年代，那是最坏的年代。

新旧交替，军阀混战，最动荡的烽火硝烟，最梦幻的十里洋场，最浪漫的风花雪月。才子佳人的故事，如同烟花一般璀璨，千里姻缘一线牵，在战争的背景下，爱情，充斥着危险的意味。然而世间多少痴男怨女，总有人愿意飞蛾扑火，无意间铸成一段传奇。

这是长达大半个世纪的传奇，故事的开始，他，是出身显赫的少帅，是衣履风流的才子，他，是能力非凡的将军，是保家卫国的战士。他既是拈花惹草的花花公子，又是雄才大略的政治家，既是被人辱骂的叛国者，又是万人敬仰的民族英雄。

他，就是与张伯驹、溥侗、袁克文并称为"民国四公子"的张学良。

1986 年，香港知名刊物《广角镜》上发表了这样一段话："对 50 岁以下的中国人来说，张学良就像一个活的影子，没有人不知道他，但也没有人见过他。在近代史中，如果要弄一个十大风云人物排行榜，张学良必可名列前茅。一位驻北京多年的外国记者表示，中共的许多高级政要，甚至一般民众，对国民党健在的政治人物，最感兴趣的，除了蒋经国，就是张学良了。"

如此高的政治评价中，我们似乎看见一个叱咤风云的将军，一生戎马为中华。然而，事实上并非如此，张学良是一个传奇，他固然是一位厉害的将军，然而他获得今天这样的美誉和声望，却是因为另一件扭转历史的事，我们都知道——"西安事变"。

历史教科书上这样写道，"西安事变"的和平解决，成为中国由内战向准备抗战的转换时局的枢纽，标志着中国共产党倡导的抗日民族统一战线初步形成。而这样一位改变历史的伟大爱国者，却因此过上了大半生的幽囚岁月。

1901年6月3日，一个平凡的日子，在辽宁省鞍山市台安县，荒凉的辽中平原，一辆简陋的马车上，传来一阵婴儿呱呱落地时的啼哭声，张学良降生了。是的，伟大的爱国将军张学良出生于马车上。当时正值春节前夕，张学良的父亲张作霖遭金寿山勾结俄兵的偷袭，逃往八角台与张景惠合股，途中张学良在马车上出生。

这是否预示着他的一生，既不寻常，也多磨难？

说来也奇特，张学良出生后，父亲张作霖立刻反败为胜，他非常高兴，认为这个孩子给他带来了好运，于是为这个婴儿取乳名"双喜"，后改名为"小六子"。对这个给他带来好运的长子，他后来也一直疼爱有加。

彼时，张作霖并不是后来那个威风八面的大元帅，他只是一个保安队队长，浪迹于山林草泽之间，身上难免有一股东北土匪气，然而张作霖为人正义，颇有侠义之气，从来不伤害百姓，在那样动荡的年代，还护得一方百姓安宁。

张学良出生时，家境是非常贫寒的，他并不是人们想象中的含着金汤匙出生的公子哥。而且，当时的环境非常动荡，众所周知，1901年正是八国联军侵华的第二年，清朝朝廷昏庸无能，沦为帝国主义统治华人的工具，丧权辱国，民不聊生。百姓都处于水深火热当中，张作霖又是在枪口上行走的人，张学良和家人在这样兵荒马乱的年代自然好过不到哪儿去。

张作霖是一个非常有才干的人，自然不可能一直屈身于一个小小的保安队队长的位子。他在东北的势力不断扩大，清政府无力征剿，就将其招安，从此他的仕途平步青云。

随着他的发迹，身边的莺莺燕燕自然也多起来，很快他就迎娶了另一位夫人卢氏。卢氏是富家子女，不肯屈于张学良的生母赵氏之下，赵氏无奈带着张学良去乡下生活。

童年的张学良随着母亲在乡下过着艰苦的生活，学生时代未正式进过学堂，虽然如此，但是他的教育并没有落下，因为张作霖对他的教育非常重视，6岁时特聘台安县举人崔骏声为其开蒙。11岁时，生母赵氏辞世，张学良回到父亲身边，由卢氏抚养。

和父亲重逢的时候，父亲还只是一个师长，家境依然不富裕，但是初入张府的小学良还是被相对而言算是富丽堂皇的宅子惊呆了。结束了动荡艰难的生活，来到父亲身边，所有的一切都如此新奇诱人。然而此时的小学良和父亲张作霖相处并不融洽，因为生母赵氏的死与张作霖有一定关系，所以小学良此时对父亲充满怨怼。童年的时光看似愉快，实则非常孤寂，幼年丧母也是他心里抹不去的阴影，幸好他来到父亲身边后，后母卢氏与大姐首芳待他极好。张学良独当一面后，对她们亦是敬重有加。

张作霖对孩子们的教育方法传统而严格，张府处处是禁忌，弥漫着一股压抑的气氛。活泼可爱的小学良的到来却给这个大家庭带来年轻鲜活的气息。

小学良是一个聪慧调皮的孩子，而且非常勇敢，敢于打破常规。如果说兄弟姐妹们已经习惯成为笼中的金丝鸟，那么张学良就是永远向往海阔天空的雏鹰。他天性好动，从小生活的环境又相对自由，如何忍受这样的幽闭？于是他把张府也变成了一个孩童乐园。

张作霖育有14个孩子，8个儿子6个女儿，长子张学良成为孩子们中名副其实的孩子王。他带领孩子们在府内躲猫猫，出去放河灯，打雪仗，这些虽然触犯张作霖的命令，但是出于对爱子的怜惜，张作霖并未严厉惩处小学良。但是张学良的顽劣可不只是这些，一次他心血来潮，把教他古文的老师绑到凳子上，然后自己出去玩，结果差点把老师饿死。少帅小时候顽皮至极，难怪严厉的张作霖也拿他没办法。

张学良也喜欢读书，他13岁从师金梁，次年随父进入奉天，张作霖在家设专馆，聘请教师教他国文和英文。此后，张学良同时接受中国传统文化和西方文化，这使得他无论从眼界、心胸还是性格、才能方面都有极大的进步。而且张学良本就聪颖异常，金梁曾说："张学良十二三岁即从我学文，能作千言，下笔颇快"又说，"汉卿英敏过人，尤嗜文艺，锐气革新，余唱印文溯阁四库全书，共续辑书目，修奉天通志，设故宫博物馆，复兴翠升书院，皆次第举行"。所言虽多是后事，但是与幼年的学习有着密不可分的关系。

同时，张学良在空余时间酷爱各种运动，此时他可谓是各个方面都得到了全面发展。我们可以充分了解到张学良虽然出生武将之家，但除了强健的体魄、精湛的武艺，还有一身学者的儒雅之气与博识。

进入奉天之后的一段时间，对于张学良来说是一个重要的转折时期，此时的他，虽然只有十五六岁，但是，正如古语所说：自古英雄出少年。这一时期，张学良开始从家庭走向社会。面对日俄的野蛮侵略，他参加了爱国储蓄、推销国货、救济灾民等反日爱国运动。同时，他接受了南开学校校长张伯苓《中国的希望》的演讲教育，下决心从我做起，立誓救中国。而曾经的他对此却深感绝望，关于这一点，他自己也谈到过："幼时对国家异常悲观，以为中国将从此任列强之割宰，无复望矣。"正是这一时期，他幡然醒悟，决定尽个人之能力，努力以救中国。

由于参加网球俱乐部、基督教青年会活动，接触了普赖德等欧美人士，受外国师友的影响更多，在西方发达国家资产阶级民主主义思想的影响下，张学良从十五六岁步入社会起，从思想到行动开始向青年爱国者转变。

同时，他也迎来了他的婚姻问题，15 岁时，他开始了一段"父母之命媒妁之言"的传统婚姻，新娘是比他大三岁的于凤至。对于一个接受了新思想的人来说，这样的婚姻实属无奈，幸好于凤至是一位宽容大度、贤良淑德的大家闺秀，而且才识方面也毫不逊色。婚后给张学良的帮助很大，关系也非常和谐，张学良亲切地称她"大姐"。

张学良走向社会，少帅的名称在北方甚至全中国，变得家喻户晓，这并不因为他渐渐成为"东北王太子"，而是因为年轻的他在刚刚开始的戎马生涯就战功赫赫。

上流社会中，他被描述为一位才貌双全，风流韵事不断的军阀贵公子。当然，事实上确实如此，他风度翩翩，文武双全，家世显赫，这样年轻的少帅谁能不倾心呢？但这些，只是张学良的一部分而已。很小的一部分。

他不只是一位贵公子，还是一位真正的战士。

1919 年，年轻的张学良进入东北讲武堂炮兵科学习，次年毕业时，他的进步已经非常显著。此时的张作霖已经是名副其实的东北王，张学良进入父亲的军队，任职上校卫队旅长，不久因为表现良好，升任东北第三混成旅旅长并获得少将军衔。彼时，他领导的第三旅与郭松龄领导的第八旅被合称为"三·八"旅，是奉系军中的佼佼者。又过了一段时间由于他战功卓著，被晋升为中将，成为独当一面的第三军团军团长。

两次直奉战争之后，张学良的军事才能得到所有人的认可，他开始成为张作霖的左膀右臂。年纪轻轻的他同时也成为军中的领导者，但是他的威望却不亚于一位战功赫赫的老领导，对于这一点，我们不得不承认，张学良是个天生的将才。

张学良很善于管理军队，他重视军纪军容，从不放松部队的训练，对刻苦的士兵给予嘉奖，对散漫的士兵提出善意批评。每个士兵都骁勇善战是军队强大的关键。张学良也懂得任人唯贤，用而不疑，对有智谋有才能的人给予重用，并且广开言路，遇到重要的事情，总会虚心地听取谋士和部下的意见。而且他为人正直，性情豪爽，从来不摆官架子，又从来不拉帮结派，疑神疑鬼，部下都非常爱戴他。就这样，张学良身边渐渐聚集了一大批有识之士。

张学良真正得到父亲的充分认可是在第一次奉系战争之后。

1922 年，第一次直奉战争爆发，但是这次战争爆发的原因在 1920 年就埋下了种子，当时直奉军队联合打倒皖系军队，皖系既败，直奉也失去了合作目的，同时又产生了新的权力斗争，直至 1922 年直奉之间爆发战争。

第一次直奉战争，张作霖胜券在握，因为他是拥有几十万军队的东北王，而直系首领吴佩孚不过是一个后起小辈。战争开始时，奉系军队锐不可当，打了很多胜仗，但是很快，情势急剧扭转，奉系军队一夕之间溃不成军，唯有撤退。危急关头，张学良和郭松龄领导的新军相对比较强大，连续打了几次阻击战，才使得张作霖的很多军队有路可退。

总之，奉系惨败。战后，张作霖抑制不住怒火，但是他也发现自己致命的弱点，军队落后，管理方法更落后。他找来长子张学良，他一直不太重视儿子训练的新军，但是很明显，正是这些新军在战争中避免了更大的损失。

张学良不同意父亲短时间内再次出关作战，建议他整军经武。张作霖肯定了张学良的想法，从此重用新军。而张学良的作用也因此更大了，他和郭松龄、杨宇霆等新派将领在老派将领的帮助下，开始对奉系军队进行彻底的整顿。这次整顿花费了整整两年时间，整顿之后，不但士兵的战斗力大大加强，一些才能卓越的新派人士担任军中要职，而且建立了一支强大的空、海军劲旅，这都是当时国内各地军阀所无法相比的。

　　毫无疑问，在1924年爆发的第二次直奉战争中，奉系大胜。张学良率领奉军第三军与姜登选的奉军第二军成为东北军入关的主力军，直系全面崩溃，全军覆没，而奉系一举夺取了中央政权，张作霖成为北洋军阀领导人。

　　此时的张学良再也不只是一个勇猛的新锐战士了，而是一个经验老到的将军。因为战功赫赫，他被升为京榆地区卫戍总司令。

　　也许按照这种走势，在所有人心中，即将成为第二代"东北王"的张学良很快就会成为一个背离人民的大军阀。

　　但事实并非如此，他的父亲张作霖是中国当时力量最强大的军阀，甚至没有之一。而张学良没有成为大军阀更多的像一位爱国将军，主要是因为他有强烈的御侮自强的爱国精神。

　　张学良不止一次向父亲涕泣陈词，力主停止内战，一致对外。他曾沉痛地说过："余自十九岁参加内战，不论胜败如何，无不感到痛苦，因所到之处，都看到民众所受战争之苦，将士死于无意义之斗争，若为维护国权而牺牲，则何等光荣。"他对百姓的怜悯至此，着实让人敬佩。

　　掌握军权之后，张学良更是尽自己的力量保护人民，在1925年上海发生"五卅"惨案后，张学良立刻拿出自己的工薪资助，并亲自率军赴上海保护居民，维持秩序。在致全国学生会电文中说："痛我莘莘学子，竟被摧残；莽莽神州，人道何在；积弱之国，现象如斯；凡我国人，宜知奋勉。"言语之中流露出的忧患令人侧目。

　　在民间，人们亲切地称呼张学良为"少帅"，其中蕴含着他们对这位少年英雄的尊敬与爱戴。人们喜欢谈论少帅的英杰豪气，亦喜欢谈论他一段又一段的爱情故事。

古语云，人不风流枉少年。虽然这不见得是一句褒义的话，但是在少帅身上却也合适。少帅敢爱敢恨，又是身居高位，英姿飒爽，必会博得众多美人芳心，虽然他早有妻子，但是也一直有外室。

他的爱情故事一直为人们津津乐道，除了战场上经常见到少帅的身影，各种社交场所他也经常出现，关于他的风月故事亦是不少。

他的人生长河中，很多女人留下了或长或短的印记，然而陪伴他一生的，能称作是爱情传奇的，却只有一个人。

一个传奇女子，她的名字，叫作赵一荻，世人更爱称她赵四小姐。

# 佳人清水若芙蓉

民国多美人，而且多是才貌双全的奇女子。那个特殊的年代，有缠不清的过去，有猜不透的未来，女子刚从千百年的封建桎梏中走出，面临的却是一派狼藉的景象，狼藉而奢靡。女性意识的觉醒让她们一往无前，勇敢地追求自己的爱情或是未来，无论是否因此在世上落入随风飘零的状态。

我们喜欢谈论民国女子，她们有着最不俗的才情，最温柔的心性，最坚贞的信仰，更吸引我们的，是最浪漫的故事。她们之中的有些人，毫无保留地扑向爱情的姿态，让人恍惚之间，便相信她是为爱而生。

而大多数的故事是，用飞蛾扑火的姿态，赢得璀璨绚烂不可一世的瞬间，像是昙花一现，美得炫目。相比之下，白头偕老像是一个传说，因为爱情至上的民国男女太热爱自由了，一生一世地相爱相守无疑是一件困难的事。于是，一生一世的真爱更显得弥足珍贵。

所以这是我最喜欢的故事，我们的女主角，赵一荻，赵四小姐，她的故事，无疑是那个时代最绚丽的烟花之一。

1912 年 5 月 28 日，一个阴雨连绵的日子，香港维多利亚港湾在黎明时分展露着它迷人的魅力，不远处的太平山顶，有一栋别致的英国式小洋楼。一个穿着褐色马褂的男人站在三楼的落地窗前，心情烦乱地点燃一支烟，天色依旧朦胧，厚厚的云层是阴霾的，透不过一丝光明。

这位中年男子名叫赵庆华，是这栋洋楼的主人，此时他眉头紧皱，远眺着美丽的维多利亚港湾，心情却焦灼异常，因为他的原配夫人刘氏即将临产，已被送往太平山下的医院两夜一天了，但是胎儿却始终没有顺利地生下来。赵庆华心中无比焦急，他不知道刘氏心中是否平安，也不知道，刘氏会为他生下一个儿子还是女儿。

天色渐渐明亮起来，赵庆华已经可以透过玻璃窗看见妻子刘氏分娩的医院。他已经一夜未睡了，这时，身后传来细碎的脚步声。是赵庆华现在的正室妻子吕氏，吕氏并非是赵庆华的原配，地位却高于刘氏是因为她是名门之后，而且是赵庆华的父母定下的亲事。吕氏明显对丈夫的行为不满，于是劝他去休息，赵庆华却执意要等候刘氏的消息。正在他们纠缠的时候，刘氏的侍女欢喜地回来告诉赵庆华，刘氏顺利产下一名女婴。

赵庆华虽然已经有四位公子三位千金，但是不知道为什么对这位四小姐的降生格外高兴。他喜上眉梢，为孩子取小名香笙，因为她在香港出生，而自己少年时代又是在香港求学，因此对这座美丽的城市怀有特殊的感情。赵庆华回头望向窗外，美丽的维多利亚港湾沐浴在霞光之中。霞光！他又惊又喜，连绵的阴雨不知道什么时候已经停止了，美丽的霞光透过云层，给海湾带来绮丽的光明。

叫她绮霞。绮丽的霞光。

就这样，赵四小姐赵绮霞，在一个美丽的黎明出生了，她的出生，似乎带着神秘而美丽的色彩，也从一出生，就得到了父亲异于其他兄弟姐妹的特殊疼爱。

如同绮霞这个美丽的名字，时光飞逝，当初的小婴儿渐渐长大，出落成一个同样美丽明媚的小姑娘。

绮霞从小和父亲赵庆华的关系非常亲密。当时赵庆华在北京任职，是交通部一位司长级官员，每次回香港太平山顶的别墅，必定会亲热地抱着绮霞，带着她去下山去铜锣湾购物，吃各种小吃。然而绮霞不知道，父亲在其他兄弟姐妹面前却是非常威严的。

　　然而赵庆华每年只能回香港两三次，对于小绮霞来说，与兄弟姐妹相处的时间反而更多。

　　绮霞最佩服的人是大哥赵国栋。国栋是一个好学的人，也是一个博学的人。每天，他是家里起得最早的，也许是因为他坚信，早起的鸟儿有虫吃。起床后的国栋在花园念书背诵英语，国栋的英语非常好，每次父亲赵庆华从北京回来，他们就会用英语交谈。而此时的绮霞才四五岁，根本听不懂，只好睁着好奇的小眼睛，心里不服气地想以后也要变得这么有才识。

　　除此之外，在绮霞身边的还有三哥和六哥，他们都在香港的小学和中学读书。绮霞的二姐和三姐当时也在香港，她们和绮霞是一起长大的，并在长大后进入香港圣保罗女中求学。

　　赵家的儿女都接受着很好的教育，绮霞在这种浓郁的文化氛围中，自然也会渐渐成长为一位知书达理的大家闺秀。

　　然而，绮霞的童年并非无忧无虑。我们已经知道，她的母亲刘氏在赵家的地位非常尴尬，她是赵庆华的原配夫人，在他心中的地位也是不可取代的，然而却是一位二夫人。封建大家庭的遗骸依然存在，刘氏与吕氏的地位自然是天壤之别。在吕氏和客人交谈或者娱乐的时候，刘氏只能在厨房里为赵家人的餐饮做准备。小绮霞看见如此辛苦的母亲，不由得泪眼汪汪却又无可奈何。

　　绮霞一天天地长大，也出落得更加美丽。1917 年的春天，刘氏收到赵庆华从北京发来的家信，内称国务烦冗，无暇奔波于香港与北京之间，要求刘氏携子女来京。

　　草长莺飞的三月，绮霞随着母亲和兄弟姐妹离开繁华的香港，去往古老的北京城。而太平山顶的那栋带着童年记忆的别墅，已经被母亲租给一位朱姓友人。年幼的少女带着迷惑和对未知的好奇，告别波涛阵阵的维多利亚海湾，走进了古老神秘的北京城。

北京是一座与香港截然不同的城市，绮霞对她即将居住的古朴而开阔的四合院充满好奇。绮霞在这座大院里见到了吕氏，也认识了以前没有见过的大姐绮雪，二哥国祥，四哥国军和五哥国煌，可爱聪慧的小绮霞受到了哥哥姐姐们的热烈欢迎，其中，五哥国煌和大姐绮雪和她的关系最好。

可是没过多久，家里突然笼罩一层无形的阴云。人间四月芳菲尽，北京的暮春时节笼罩着淡淡的悲伤氛围，正如此时的赵府。门外的玻璃马车来来往往，绮霞奇怪地看着这些天来家中拜访的不同寻常的客人，听大姐绮雪讲，那些都是北洋政府的高官。小绮霞对北洋政府一无所知，然而每次那些客人的造访都会让父亲母亲格外紧张，尤其是父亲赵庆华经常会和那些客人在后院掌灯夜谈，这些让绮霞慌乱而害怕，她多希望永远平静快乐地生活在这里。

恐怖的时刻最后还是来临了，北京的政局动荡，战争一触即发，张勋即将入京，北洋政府众多高官被免职，其中甚至包括内阁总理段祺瑞，而段祺瑞本人已连夜逃往天津。这一天，绮霞刚刚从睡梦中醒来，就看见父亲母亲和吕氏在指挥着佣人收拾屋子，她大吃一惊，这才知道父亲决定带着一家人逃往天津。小绮霞的心里充满不舍，但是看见父亲母亲脸上的忧愁与烦闷，只好缄口不言，默默地收拾自己的东西准备去一个新的城市。

天津，一个陌生的城市，没有香港的繁华，没有北京的庄严，然而它非常平静，绮霞就这样开始了新的生活。父亲赵庆华在海河附近的英租界租了一栋小洋楼，绮霞喜欢站在洋楼上遥望远处美丽的海河，她开始爱上这座宁静的城市，家里紧张的气氛消散了，父亲脸上也渐渐出现愉快的笑容。

然而这场动荡并没有这么快就结束，很快，赵庆华在报纸上看到张勋复辟的新闻，他拍案怒骂，一连多日脸色阴沉。直至好友朱启钤来造访，带来张勋战败，逃往河南的消息，原来是段祺瑞在天津组织的讨逆军打败了张勋，结束了这场时长十二天的复辟闹剧。赵庆华和朱启钤高兴地交谈，突然涕泗横流，这一幕映入了小绮霞的眼中，她不明白父亲为什么高兴还要流泪，但是父亲接下来的行为让她更加不理解。

张勋逃走后，段祺瑞重新出任北洋政府内阁总理，而父亲赵庆华也再一次接到了红色的聘书，北洋政府任命赵庆华为邮传部邮政司司长，并授二等嘉禾勋章。当父亲在礼炮的声响中，颤巍巍地接过大红聘书和亮闪闪的勋章，赵家老少都对这样的殊荣感到万分高兴，因为这对赵家来说，这代表他们可以重新拥有荣华富贵，重新回到北京的那栋府邸。然而赵庆华拒绝去北京任职。

不只是绮霞无法理解，吕氏夫人、绮霞的母亲和其他兄弟姐妹都不明白赵庆华为什么情愿赋闲在家，整天在二楼的书房专心读书。然而赵庆华不管家人怎样劝他，都不为所动。小绮霞充满困惑，只是发现父亲日益苍老。

天津的雪景很漂亮，那年北方下了几场罕见的大雪。那是绮霞第一次见到北方的雪景，漫天飘雪，将大地装扮得晶莹剔透。雪后初霁，绮霞和父亲乘坐马车，驶过银白的街道，去附近的桃花堤上赏雪。小绮霞满眼惊奇和兴奋，而父亲赵庆华却满眼萧索，目光苍凉，他告诉女儿日后切不可与官场中人结交，绮霞不理解地望着父亲，父亲眼中是她不明白的凝重，他吟咏苏轼的诗，小绮霞不懂他言语间的无奈，却对此时的父亲充满敬畏。

时间过得很快，绮霞在天津慢慢长大了，1918年，她被送到法租界里一所浙江人开设的小学堂念书。此时，她才7岁，但是她的聪慧美丽尽显，毫不亚于哥哥姐姐们。然而，意想不到的事发生了，绮霞进入小学堂的第二天，一度平静的天津城又笼罩了一层战争阴云。

战争的起因仍然是张勋复辟，张勋失败，被段祺瑞政府通缉，张作霖借此率军入侵华北。原来张作霖和张勋是对头亲家，张作霖想让段祺瑞政府解除对张勋的通缉，更想借此入侵华北。旧历新春刚过的二月八日，天津城的枪炮声响了整整一夜，这一天，赵家小楼灯火彻夜通明。东北军入驻天津城，绮霞心里万分恐惧，但是事情并没有她想象得那么严重，东北军在天津城待了半个月就离开了，但是自此，绮霞心里对张作霖和东北军产生深深的厌恶，她甚至暗自称张作霖为张胡子。

此后天津处于难得的平静中，很快到了1923年的夏天，12岁的绮霞被送往位于天津法租界的中西女中就读。绮霞从小就向往现代学堂，而中西女中正是这样的学校，它有现代化的设备和金发碧眼的外国教师，虽然在此就读的大部分是和绮霞年龄相仿的中国少女。

绮霞高兴地进入中西女中，但是没想到一开学却发生了让她万分难过的事情。因为开学典礼上，在中国天津土地上学校的开学典礼上，竟然放着外国国歌。

开学典礼结束后，绮霞怀着沉重的心情走到校园深处，她在一汪水池的前面，轻轻唱起了"中华民国"国歌。

中华雄踞天地间，廓八埏，华胄从来昆仑巅。江湖浩荡山绵连，勋华揖让开尧天，亿万年。国荣光，锦绣山河普照，我同胞，鼓舞文明，世界和平永葆。

绮霞是位矜持而文静的大家闺秀，她小声地唱着，声音温柔，却隐约透着一股坚定和悲壮。路过的女学生们渐渐循着她的声音聚拢过来，并和她一起唱了起来。

绮霞沉重的心被这些陌生的校友感动了，她知道，虽然国土沦丧，但是中华民族一直不会放弃，而且有很多新的希望。一群女孩子开始交谈，就这样，绮霞认识了很多新的朋友，其中包括朱启钤的女儿朱湄筠，陆宗舆的女儿陆静媜等等，绮霞非常高兴，在开学第一天就认识这么多美丽聪慧的朋友。

　　在中西女中的生活非常快乐，更何况绮霞还有这么多好姐妹。第二年的秋天，绮霞和朱湄筠、陆静嫿等几个女生去天津郊外郊游。几个女孩子去海边放风筝、野餐，玩得非常尽兴，也正是在这个时候，绮霞在姐妹们的哄闹下改名"一荻"，改自她的英文名 Edith 的译音。

　　然而就在一群姑娘们愉快的嬉戏时，远处，却传来了枪炮声。

　　第二次奉直战争发生了。

　　一荻慌张地随姐妹们回到天津城，天津城，又被一股无形的阴云笼罩了，人人自危。父亲赵庆华的反应非常激烈，每天看见报纸上报道的东北军的消息，就会愤怒地大骂。一荻隐约从报纸上报道的战况中感觉到张作霖的东北军必然会进入天津城。她感到害怕，也感到愤怒，对东北军的憎恶愈加强烈。

　　果然，东北军攻进了天津城，一荻失学了。

　　幸运的是，东北军进城并未大肆掠夺，反而城内愈加平静，东北军秩序井然，在天津城治理得当。一荻在报纸上看见张学良贴出安宁告示的新闻，这是她第一次听到这个名字，她讨厌的张胡子的长子。

　　很快，中西女中开学了，一荻感到万分惊讶，不相信东北军还在天津城内，而自己这么快就可以重新上课了。但是父亲赵庆华却顾虑颇多，他担心东北军会伤害无辜的人，所以不许自己的孩子们出门，一荻也只有乖乖待在家里，和父亲为自己特聘的家庭教师上课。

　　一荻在家中过着烦闷的生活，直至入秋，才重新去中西女中上课。

　　此后，一荻一直在中西女中求学，她聪慧勤奋，美丽温婉，深得老师同学喜爱。

　　这位成长在北方的南方姑娘，她生长在乱世，知晓国家危急，世事艰难，也深明大义，极具爱国情怀，她的家庭文化氛围浓厚，潜移默化的影响使她也成为一位温柔善良，勇敢有追求的大家闺秀。

　　当时的天津，是非常繁华的城市，上流社会的各种社交场合也很多，但是一荻一直保持着南方少女的那种天真清纯，她从来不出入社交场所，一心只是放在学业上，然而她一生的传奇却是结缘于一个社交场所，大概这就是所谓的缘分吧。

缘分是一个奇妙的东西，缘生缘死，便是一个人的一生。

清纯美丽的女学生赵一荻，有着一颗透明的心，爱，便轰轰烈烈，恨，也是痛痛快快，纯粹如孩童，这样的女子是奇女子，身处乱世，她是一个大家闺秀，却并非养尊处优，父亲用实际行动教会她，面对富贵，不卑不亢，面对贫穷，安贫乐道。她是最单薄的女子，却有着最纯洁坚韧的心性。十几岁的少女已经出落得如清水芙蓉，她的故事，刚刚开始。

# 忽 此 相 逢 如 有 期

20 世纪 20 年代，北方繁盛一时，而天津，临近古老的紫禁城，已经成为当时一个非常繁华的商埠。就像后来的大上海，上流社会的社交场所中，在国家饱受欺凌的灰色背景下，不乏醉生梦死的迷离梦境。

一荻是一个普通的学生，自然与这些地方无关。她在租界内的小洋房长大，知晓国难国辱，亦知繁华奢靡，她也曾陪素来与她交好的大姐绮雪参加过一些舞会，但也只是当旁观者，并未与什么人发生什么交集。然而，她从来没有想过的是，她一生最重要的缘，竟是在这样的地方，一场隆重的舞会上结识。

从选择成为一名军人开始，张学良就显示了他过人的天赋，两次直奉战争令他的名字响彻大江南北，这个少年英雄，从人们的质疑中走出来，以自己出色的才能征服所有人。

他是一名军人，在深山密林里受过枪伤，参加过爱国运动，出国观摩过外国先进的军事管理，让奉系军队焕然一新称霸全国，在百姓中他的声望很高。然而上流社会关于他的种种传闻却不乏负面的，原因是，阔太太之间的流言蜚语多与国难家仇无关，另一方面，是关于张学良的风流韵事确实值得说道。张学良晚年回忆时，从来不曾否认他对女人的追求，关于感情之事，他说："人就是一张纸，你别揭穿，你要揭穿就那么回事。"

我们已经知道，张学良年少便在媒妁之言父母之命下，娶了年长自己三岁的小家碧玉于凤至，虽然夫妻之间琴瑟和谐，但是张学良常年羁旅在外，而于凤至又在学校进修，所以他身边出现的女子并不在少数。张学良对妻子于凤至很是敬重，她贤良，高贵，好学，体贴，凭借自己高尚的品行赢得包括张学良在内的帅府上下一致认可，也因此，张学良从来不带其他的女子进入帅府，除了两位女子。

一位，是戏子谷瑞玉，被张学良收房，出身卑微的戏子，却成为张学良的二夫人，其中必然有许多故事，我们后面会讲到。

而另一位，不必多言，就是陪伴他一生，变成他第三位妻子的赵一荻。

关于他们的相遇，很多人误以为是一见钟情。舞会上，英姿飒爽的少年英雄，与清水芙蓉的大家闺秀，一首舞曲，擦出缠绵一生的火花。

实际上却并非如此，关于第一次的相遇，并不是多么愉快，并不是让人刻骨铭心的罗曼蒂克式的序曲。

但是它却充满着巧合，如果换一种说法，即是，缘分。

因为对于张学良，是一次被遗忘的舞会，而对于赵一荻，却充满了后续的可能。

1926年，一个普通的清晨，像所有普遍的清晨一样明媚清新，阳光柔和，唯一不同的是，一荻此时的心情是紧张的，因为她正在为她的考试做准备。而在此时，她接到了一个电话，是大姐绮雪的丈夫冯武越打来的，一荻十分疑惑，因为姐夫冯武越从来没有直接打电话找过她。

一荻的大姐绮雪视她为最亲的妹妹，一荻也喜欢这位温柔美丽的大姐，虽然她们并非一母所生。一荻经常去绮雪家玩，而绮雪的丈夫冯武越精通摄影，在当时，摄影是一种非常新潮的艺术。冯武越在天津创办了《北洋画报》，开创了中国大型画报期刊的先河。一荻是个极具艺术细胞的年轻姑娘，经常让姐夫给自己照相，甚至还曾经当过某一期《北洋画报》的封面女郎，因此他们的关系也是非常亲密。

而这一天，冯武越给即将考试的一荻打电话却是邀请她今天晚上去参加一场舞会，而且言辞十分恳切。

一荻面对姐夫如此郑重的邀请，满心疑惑，她以要复习备考坚定地回绝了他，冯武越也没有办法，只得作罢。一荻继续复习功课，不时想起刚刚发生的事，又发起呆来，她以为这件事就这样过去了，却不想没过一会儿大姐绮雪也打来了电话。

一荻狐疑地接过电话，她知道大姐肯定也是为了舞会的事，依然想拒绝大姐，但是大姐一开口语气居然十分急切。一荻解释着自己要考试了真的没有时间，绮雪的语气渐渐强硬起来，她说有人点名要见她，她必须去。一荻惊愕地追问，绮雪却怎样也不肯说了。

见一向宠爱自己的大姐态度坚决，丝毫不肯退步，为了不影响和她的关系，一荻只得同意。

整整一天，一荻复习功课的时候，都有些心不在焉。姐姐姐夫的反应太奇怪了，她在想那个要见她的人是谁。姐夫如此郑重，肯定是位大人物了，但会是谁呢？这样想着，时间很快就过去了，日暮西垂，一荻无奈地准备去赴约，她随意地挑选了简单的礼服换上，并未刻意打扮，从前和姐姐去舞会见到那些名媛们夸张的浓妆艳抹，她并不喜欢。

舞会地点在维多利亚大道泰安道口的利顺德大饭店，和之前被大姐拉去参加的舞会相比，这里的富丽堂皇是出乎她意料的。恢宏的建筑，精致的装饰，漂亮的轿车，美丽的浮雕。这里，有着英法国家建造的娱乐场所，洋楼高耸而别致，在华丽的灯光下美得不真实。一荻看着来来往往的人，大多是一些外国人，有西装革履的商人和高官，也有金发碧眼的美丽女郎。

一荻有一些胆怯了，她像一支清水芙蓉，与这样的地方格格不入。可是正是这一股清纯与天然，引起了舞会上的人们强烈的观注，一荻感觉到被注视的目光，非常不自然。而绮雪也发现了，她热情地走过来拉住她的手，一荻只是礼貌地笑笑，并没有什么兴致。

一荻询问那个想见她的人，绮雪依然在卖关子，但是禁不住一荻的再三追问，便向她坦白了。原来，想见一荻的竟是大名鼎鼎的东北王张作霖之子张学良，"四大公子"之一的少帅，这场盛大的舞会也是他为一荻所举办。

是了，一荻惊愕之后暗忖，姐夫冯武越曾是张学良的私人秘书，当年大姐绮雪嫁给他的时候父亲赵庆华还因此反对这门亲事，但是因为冯武越毕竟不是军人而且为人忠厚，所以父亲最后才妥协。而《北洋画报》的创办，她记得张学良也曾出资。

一荻心里顿时非常反感，听大姐说，张学良想见她是因为她曾经在《北洋画报》上的那张照片引起了他的兴趣，一荻不感到奇怪，因为当时那张照片确实在天津惊艳一时。很多人都知道了"赵家有女初长成，天生丽质难自弃"，她曾经为此感到非常难为情。

这时候冯武越也来了，他的兴致很高，向一荻讲述了许多张学良的故事，因为对于他，少帅是他尊重和感激的人。一荻不以为然，觉得这些都是奉承之言。

知道真相的一荻再也不想在这里待下去了。父亲赵庆华素来厌恶张胡子，她也讨厌，在她的印象中，两次直奉战争，张作霖都曾入驻天津，父亲愤怒是因为他，自己失学是因为他，百姓枉死是因为他。虽然她对张作霖的厌恶可能使她的判断有失偏颇，但是每一次他的到来，对她、对天津城的所有百姓都是一场灾难却是事实。而现在，他的儿子张学良竟然想见她，交个朋友，简直是一种讽刺。更何况，一荻听闻张学良是位花花公子，他已有妻室，但是风流韵事却不少，比如现在，他为未曾谋面的自己举办如此奢华的舞会，这种作风令一荻非常讨厌。

正准备借口离开时，人群中突然一阵骚动。一荻和众人循声望去，一名男子在众侍从的簇拥下走进来了。有些人天生的气场让人折服，一荻也不免大吃一惊，只见他，剑目星眉，英姿飒爽，一袭戎装，偏偏又透着一股贵气和儒雅之气。人们窃窃私语，用艳羡、赞叹或者仰慕的眼神看着他。

少帅张学良一边礼貌地向众人点头示意，一边往里面走，这时一位衣着妖冶的女子顾盼生姿地走向少帅，一获惊愕不已，原来那名女子是她的同学，中西女中的校花郑露莹，也是天津有名的交际花。人群中发出阵阵赞叹声，为郑露莹的美貌唏嘘不已。

郑露莹走到少帅面前，莞尔一笑，邀请他跳舞，可是少帅面对美人的盛情相邀，居然婉拒了，他的眼睛里露出明显的反感，这让郑露莹的自尊大受伤害，也许在少帅的眼中，浓妆艳抹的她不过是庸脂俗粉，但是在她的眼中，英气逼人年少有为的他却是如英雄一般的存在。郑露莹失落地望着他离开，却深深地被他的傲气吸引了，虽然正是这傲气，让她无法靠近他，让他不可侵犯，但是有志气有胸襟的男人才会有傲气。她并没有放弃，舞会结束后的很长一段时间，郑露莹追求张学良，以骑马、跳舞、看戏等多种借口邀请张学良，但是都遭到拒绝，即使张学良答应，也不过是因为没有办法，逢场作戏而已。当然，这些，都是后事了。

一获明白自己误会了少帅，他并不是传言中那种花花公子，姐夫冯武越之前虽然在她面前说了很多张学良的好话，但是她不以为意。对张作霖的反感根深蒂固，所以她还是不希望认识他的长子张学良，即使他为自己举办这样隆重的舞会。

正在这时，张学良向一获这边走来，因为她和姐夫冯武越、姐姐绮雪在一起，姐姐姐夫和少帅寒暄几句，正准备将一获介绍给他，一获看着眼前的男子，气质温和，和他想象中张作霖的长子应该是凶神恶煞的样子简直是天壤之别。这个时候，她应该礼貌地问好、道谢，但是，她却面容迟疑，这是属于少女的那种紧张任性和别扭，张学良看着眼前清丽脱俗的女子，果然如画报封面一样美。当初，他看到那张照片，便惊为天人，不是面容，而是气质，若说面容，她并非貌若天仙，但是她的气质，却是真正的超凡脱俗。如今有幸见到画中的少女，他感到非常欣悦。

然而一获却为难，她不想和张作霖的长子有什么瓜葛，面对他的好意，她一下子无所适从，最后竟一言不发地从少帅身边逃走，跑出了舞厅。

一荻的这一举动作为一名大家闺秀确实有失礼节，而且是在张学良这样重要的客人面前。冯武越和绮雪非常尴尬地为一荻解释，张学良倒也大度，只是微微一笑，看着落荒而逃的少女，并不介意的样子。趁来天津公干，见一见无意间闯入他心中的画中女子，遭到拒绝难免失落，但是他素来不喜强求，他欣赏清纯的少女，但是无法相识，大概，是没有缘分吧。

缘分，是一个奇特的东西，因为它，许多不可思议的巧合才会发生，而他们，在舞会上失之交臂的年轻男女，他们之间某种注定的缘分也会让他们再次相遇。

一荻很紧张，她跑出饭店，回头看着恢宏的建筑，像是在看另一个世界，那里有繁华，有迷失，她感觉空空落落的，突然又紧张起来，回过神，她意识到自己刚刚的举动有多失礼，对方可是少帅张学良啊，也许会给姐姐姐夫添麻烦，这样一想，一荻更紧张了。

得知张学良并未介意此事，一荻心里莫名的有一些感激，因为他胸襟开阔，起码是一个好人。但是，自己这样的做法对他是不是太过分了？少女的心思细腻而敏感，在绵绵不断、无休无止的心结中渐渐成为一团迷雾。

一荻对张学良是怀有歉意的，而此后，在那场萍水相逢没有一句对白的舞会之后，意外地，这种歉意不断加深。

因为误会一个怀着好意的人并且无礼地对待他，单纯的一荻对此耿耿于怀。张学良这个名字从此刻在了她的脑中，她总能在报纸上有意或无意地发现他的名字、记住他的事迹，她还在学校图书馆里看到大量张学良 1921 年在日本观摩秋操的图片，照片中的他英武非凡，而且他毫不畏惧日本的武力，甚至对日本军官说："胜败乃兵家常事，今天的中国已经不是甲午战争时的中国，你们日本人可以办到的，我们中国人也能办到，请诸君拭目以待。"一荻看到这句话顿时觉得热血沸腾，被他的勇气和胆略深深地折服了。

她发现，姐夫对张学良的称赞并不是所谓的奉承，而是一种衷心的尊敬，因为，他确实是一个值得尊敬的军人，他不是什么"东北王太子"，不是花花公子，他是一名军人，是一名勇敢且爱国的军人。

一荻想起那次舞会上相见的一个细节，张学良进入舞厅的时候，郑露莹迎上去，称他"少帅"，但是他皱起眉头，对所有人大声宣称，他不喜欢那个称号，请叫他军团长，因为，他是一个军人。

当时众人都暗自赞叹他的凛然，一荻却以为那不过是有意为之，毕竟他的位置，和他父亲张作霖所拥有的权势脱不了关系。但是直至现在，一荻才知道，原来他真的是那种正直能干有思想的人，他之所以这样说，也是为别人对他不公平的误解所做的一种反抗。

了解张学良后，一荻想去道歉，但是贸然去道歉恐怕会再一次对他失礼，只能放弃。另一个原因，就是大姐绮雪再也不带她去任何舞会了，也没有再次见到张学良的机会了。

张学良的形象却在她的心中被不断放大，渐渐地成为一个英雄，成为一桩隐隐约约又说不清道不明的少女心事。

在一荻期待再次见到张学良的时候，张学良对这个一面之缘的少女虽怀有遗憾，但是因为军务烦冗，很快就忘却了她。不，不是忘却，只是将她放在了某个角落。

不久，震惊中国的上海"五卅"惨案发生了，一荻所在的中西女中爆发了一场大的学潮，一荻和她的朋友们也加入了示威队伍，她们同情那些遭到外国资本家枪杀的工人们，为当局者的冷眼旁观感到愤怒。而当时，在天津驻防的正规军总司令张作霖也持着旁观的态度，遭到民众怒骂。正在这时候，一荻却在报纸上意外地看到一则新闻，驻防在北京的张学良向上海学生发送慰问电，并捐款两千元。这一举动引起所有人的关注，此后，张学良赴天津要求父亲张作霖介入这一事态，并多次发生争执。遭到父亲拒绝后，他竟私自带兵赴上海，这一危险的举动让一荻暗自为远在上海的张学良担心起来，也感受到他爱国爱民的伟大人格。

"五卅"惨案让一荻和一个仅有一面之缘的军阀的心连在一起，她希望再次和张学良见面，而这一天，真的来到了。

# 英雄救美芳心许

有缘分的人，总会遇见，第一次的错过，是为了第二次的重逢。

舞会错过之后，张学良便离开了天津，之后在北京和上海徘徊过，也一直忙于帮助父亲完成问鼎中原的宏大计划，一荻虽然想见张学良，却再也没有天津利德顺大饭店舞会那样的机会。

白驹过隙，两年时光就这样过去了，1927 年的炎炎夏日，奉系军队在张学良等一众将领的努力下，势力达到了巅峰。6 月 18 日的北京中南海怀仁堂，是一个历史性的时刻，当然，这是对于东北军而言的。这一天，一袭戎装的张作霖在吴佩孚、孙传芳、张宗昌等一众军阀的拥护下，出任中国陆海空大元帅，他终于实现了多年来称霸华北的夙愿，此刻的他，在对着身旁对他俯首称臣的军阀，俨然一副皇帝临朝的高傲姿态。

而张学良却让人出乎意料，他对这样盛大的庆典毫无兴趣，虽然这一天的到来与他的努力也是密不可分的。庆典结束后不久，张学良就离开了北京这个政治中心，只身前往离北京城极远的北戴河避暑。

离开了喧嚣的政坛，张学良感到身心都得到了完全的释放。在北戴河避暑的日子非常闲适，张学良居住在莲蓬山半山腰上的一栋美丽的别墅中，白天，他在家读书、听戏，或者去北戴河游泳，在沙滩上静坐、下棋。

在北戴河游泳是一件非常快乐的事，张学良喜欢在海里和男男女女一起愉快地游泳，或者在沙滩上散步，看着潮起潮落。眨眼半个月过去了，张学良的皮肤被晒得黝黑，甚至都看不出他的本来面目了，但是他依然很开心，他喜欢这样的生活。

某天，像往常一样，在暮色降临的时候，张学良在海滩上散步，海风骤起，乌云遮天，天空很快变成黑色，海水也不安分地躁动起来，看样子马上就要下大雨，而且还会有凶猛的海浪。见此景象，张学良穿上衣服，对身边的秘书朱光沐说该回去了，正在此时，远处突然传来呼救声。张学良立刻循声跑去，只见黑色的阴云下，一群穿着泳衣的姑娘惊慌失措地呼救。他急忙跑过去，才看到海里面隐隐约约有一个姑娘的身影，她是那么羸弱，随海浪漂浮，似乎马上就会被淹没一样。张学良一下子紧张起来，他喝令岸上的姑娘们保持镇定，脱下衣服塞到朱光沐手中，二话不说就跳进海里。

张学良很快就在海里消失了，而这时的天色愈来愈暗，北戴河里的恶浪一阵接一阵地涌来，时间一分一秒地过去了，朱光沐开始担心起来，万一张学良出了什么意外怎么办，他可是少帅啊，为了萍水相逢的落水女子丧命，这样的事怎么可以发生。

正在朱光沐焦灼万分的时候，一位姑娘兴奋地惊叫起来，只见乱箭似的疾雨中出现一个黑点，原来是张学良在海中浮起来了，他有力的臂膀上还托着那位落水的姑娘，他正艰难地托着落水的姑娘向岸边游过来。

人们欢呼着迎上去，却发现被救起来的姑娘不管怎么样呼唤都昏迷不醒。沙滩上的姑娘们一时慌了手脚，吓得哭了起来，张学良此时也疲累得瘫软在旁边，他吩咐属下立刻送这位落水的姑娘去北戴河附近的一家日本医院就医，不惜一切代价也一定要救活她。朱光沐担心地看着少帅，毕竟在水里挣扎那么久救人，也筋疲力尽了，他犹豫一下，然后在倾盆大雨中抱着晕厥的女子疾步离开。

正所谓无巧不成书，被张学良救起来的女子不是别人，正是之前拒绝张学良的赵一荻。但是因为情况紧急，张学良并未注意到被救起的女子是故人。

日本医院，白色的病床上，一位容颜憔悴的姑娘慢慢地睁开眼。

一荻的头非常痛，她感到自己像是从暗无天日的地狱回来一样，模糊的视线渐渐变得清晰，她定眼看见病床前关切的一张张脸，顿时鼻头一酸，是她的父母和哥哥姐姐。

亲人们欣喜地发现一荻醒过来，都纷纷关切地询问，只有父亲赵庆华固执地站在旁边不肯看她。一荻知道父亲是关心她的，正是因为担心她，所以才生气，因为她是在全家人都不知道的情况下偷偷溜出来游泳的。她和一群姑娘们在北戴河游泳，没想到自己不小心游到了深水区，又恰逢大雨，体力不支的她被一阵恶浪击得晕厥，差一点溺毙在海里，若不是恰巧有人相救，她现在根本见不到家人了。

赵庆华携妻子儿女来北戴河避暑，为全家人制定了严格的作息时间，有专门安排游泳的时间，但是除了规定的时间，不许任何人独自下海。一荻却是在全家人午睡的时候偷偷溜出去的，赵庆华醒来的时候发现小女儿不见了，大发雷霆，不许任何人去寻找她，其他人也不敢劝说盛怒的赵庆华。

午后骤雨，天空乌黑乌黑的，大有一股"黑云压城城欲摧"的样子，赵家的小洋楼里弥漫着一股焦灼而压抑的气氛，终于，赵庆华的夫人吕氏开口了，那时一荻的性命攸关，不是赌气的时候，让几个孩子去海边寻找她，这时一荻的哥哥们急匆匆地往海边跑。

可是到了海边哪里还有四妹的影子，只有急促的雨点和茫茫的大海。海边的一个姑娘告诉他们，刚刚确实有一位穿着蓝色泳衣的姑娘溺水，已经被两位军人救起来送到医院了。赵氏兄弟又赶往附近的日本医院，这才找到昏迷不醒的四妹。

一荻知道这些原委，羞愧难当，她只是一时兴起才偷跑出来，谁知会发生这样的事情，让父亲那么生气，家人那么担心，她感到非常难过。

因为送到医院比较及时，所以一荻并无大碍，在医院休养一段时间，她就回家了。

然而，虽然平安脱险是一件值得高兴的事情，一荻却始终像有心事一样闷闷不乐。

一荻确实是有心事，因为那个救她的恩人，始终杳无音讯，还在医院的时候，六哥赵燕生就天天守在医院里，却没有见到恩人的影子，他也遵从父亲的吩咐，去那些小洋楼打听过，只知道那一幢里面住着军人，其他的仍是一无所知。北戴河是避暑胜地，许多高官要人或者富商大贾都在这里建有别墅，很难想象这样的人物之中，会有人奋不顾身地救一位素不相识的少女还不留姓名。

正所谓，救人一命胜造七级浮屠，一荻是善良的女孩儿，承受别人这么大的恩情却不道一声感谢，这，怎么样也说不过去。但是，救她的军人，似乎人间蒸发了一样，怎么也找不到。

一荻和少帅之间的缘分怎么会再一次错过呢？一荻最终还是找到了恩人。

这一天，一荻的大姐绮雪突然从天津给她打来长途电话，一荻非常惊讶，因为大姐从之前舞会那件事后，似乎对这个她曾经最疼爱的妹妹颇有芥蒂。让一荻更为惊讶的事是，大姐远在天津，却对北戴河发生的事了如指掌。大姐告诉一荻，冒死相救的恩人，就是她之前一直深深厌恶的张学良。

海难的那一天，张学良奋不顾身地从海中救起一荻，之后就染上风寒，回到别墅还发起了高烧，情况很是严重。北戴河旁边的医院大多是日本人所开，张学良经治疗后仍没有好转，于是让秘书朱光沐回天津租界内请来他多年来十分信任的一个德国医生。朱光沐在天津偶遇一荻的姐夫冯武越，闲聊时就谈起了张学良救人生病的事情，冯武越敏锐地发现，朱光沐口里的被救少女，竟与一荻十分相似，他知道一荻和家人正在寻找恩人，于是详细地向朱光沐询问了那位姑娘的情况，终于确定了，被张学良所救的女子，就是自己的妻妹：赵一荻。

知道真相后，一荻的心中百感交集。她一直希望再次见到张学良，为自己的无礼和对他的误解道歉，如今他又对自己有救命之恩，她想去向他道歉，也道谢，但是，心中依然存有芥蒂，毕竟，他是父亲素来厌恶的张作霖的儿子。而且，既然自己知道了，父亲肯定也知道了她的救命恩人是张学良，父亲在她面前只字未提，想来是父亲不愿意自己与他沾上任何关系的。

大姐绮雪知道她的顾虑后，觉得不可思议，她有些不满地责备一荻不懂事，父亲对张氏父子厌恶是政坛上的事，与她无关，也和张学良的为人无关，如今少帅于她有恩，舍弃性命去救她，难道不能证明他的为人？不管怎样一荻道一声谢也是应该的。

一荻这才醒悟过来，确实，她一直想见他，不管是道歉还是道谢，何须顾虑太多。

莲蓬山半山腰上的那幢别墅很漂亮，也很精致，是的，这正是少帅张学良的住所。一荻远远地看着，又打了退堂鼓，心中忐忑万分。就这样过了三四天，每次一荻都无功而返，没有见到张学良就回去了，终于有一天，她鼓起勇气，决定走进那幢别墅。

夏日的午后拂来带着咸腥味道的风，张学良自此患了风寒，一直待在家里，写写字，看看书，以作消遣。这天，张学良正在读书的时候，秘书朱光沐告诉他有女客来访，是他救起来的那位姑娘。张学良知道他救起来的那位姑娘活过来了非常高兴，但是不肯见她，认为没有必要，任何一个有血性的军人都不可能见死不救，他让朱光沐代替自己见来客。

这时，朱光沐点明了一荻的身份，就是之前在利德顺饭店不辞而别的女孩儿，冯武越的妻妹。张学良被这样的巧合吓一跳，但是他很开心地去换衣服，去见曾经在舞会上错过的女孩。

对于张学良来说，这样的巧合真是令人欣喜，完全是"踏破铁鞋无觅处，得来全不费工夫"嘛，当然，这样的比喻不恰当，他喜滋滋地对着镜子整理自己的戎装，表现得如同一个孩子。

一荻坐在客厅里安静地等着，望着窗外有些出神，她今天衣着素雅，依然是不施粉黛，更显清丽脱俗，白底蓝花的旗袍显出她青春曼妙的身材，她坐在那里，像暗夜白莲，像深谷幽兰。一荻回过神来，却发现主人不知什么时候已经站在门口打量着她。

张学良望着出神的少女不忍打扰，因为她太美了。

一荻歉意地微笑，顿时心里怦怦狂跳起来。她在报纸、画册上见到的那个人，她曾经讨厌的人，她深感歉意的救命恩人，如今居然就站在她的面前。

张学良一袭戎装，英俊非凡，又稳重高贵，尤其是他的眼睛，深邃又充满睿智，一荻到底是一名少女，蓦然就红了脸。

一荻非常紧张和拘谨，她站起来，小声地说起那天的事情，向张学良道谢。张学良表示军人不会见死不救，这件事无足挂齿，一荻见他如此大度，想起自己曾经那么讨厌他，不好意思地低下头，张学良见她的样子，只觉得这个女孩可爱异常。

少帅非常豪放，也很亲切，完全不把一荻当外人，他哈哈大笑，为他们之间的巧合感到不可思议，提及之前在天津的事情，一荻又羞愧地道歉，大概敢驳大名鼎鼎少帅面子的人，只有她这样不知天高地厚的女子吧，这必是惹人恼怒的行为。没想到张学良却笑着说正是因为这样他才对这么一位有骨气有想法的四小姐刮目相看呀，大概还因此念念不忘吧，当然这样的话不可能在一荻的面前直说。

一荻慢慢地没有那么拘谨了，因为少帅真的太亲切热情了，他们之间的氛围变得轻快起来，一荻与这位北洋政府的高级将领居然相谈甚欢。

整整一下午，原本只是想简单道谢的一荻一直在与少帅交谈，一获单纯，张学良也不设心防地谈到了他的很多事情，比如他的兴趣爱好，他的信仰，他的梦想，甚至还有他的痛苦，他的无奈，一获被他深深吸引了。如果说，之前对他的了解，来自于别人对他的赞美，来自于报纸画册中的介绍，那么现在，面对面的交流让一获更明白了张学良的人格魅力，他固然志存高远，固然是少年英雄、血性男儿，但他并不是高高在上，相反，他谦和、亲切、有礼节，而且他也有深沉的痛苦。

张学良的痛苦来自于幼年梦想的被扼杀，即他被迫放弃他的医生梦想，从一个救人的医生变成一个杀人的军人。这些事张学良能够跟一获说，表明他们的谈话真的很投缘，或者说，短短的时间内，他们，已经在彼此心中留下了某种情义，或深或浅，那种情义，是一种心动。

一获和张学良都喜欢打网球，他们还愉快在别墅外打网球，当然，这不是唯一一次，而是，一个开端，会有第二次，第三次。

男女之情是看不见摸不着的，但是它的千丝万缕却能最深地牵动人心。

爱情来的时候，轻轻地，浅浅地，直至深陷才会知道，它是最凶猛的洪水猛兽，却让人甘愿沉沦。

此后，一获和少帅不止一次地一起打网球，当然，也不只是打网球。在海滩散散步或者共进晚餐，用一个更甜蜜的词语是，约会。

爱上一个人，需要多久？对于张学良来说，也许在看到画报中佳人的那一刻，也许在舞会上因那个离开的倩影遗憾时，也许在看到客厅中出神的面容的瞬间，也或许是后面的相处中，谁也说不清，爱情，是一刻，还是一生。

但是对于一获，这些都不重要，因为，不管是从哪一个时刻开始，她暗自为那个曾经被她拒之于千里之外的少帅许下芳心，不管是从哪一个时刻开始，他成了她认定的人，他就是她的一生。

我们喜欢英雄救美的情节，我们更爱一个清纯女子的炽烈，炽烈的感情，纯粹得不能容忍一丝杂质，她下定了决心，便是不顾一切了。

血性的男子，不顾一切地冒着生命危险救一位素不相识的女子。

贞烈的女子，不顾一切地冒天下之大不韪用一生去爱一位倾心的男子。

勇敢纯粹，永远怀着一颗赤子之心对待爱情，这，才是我们喜欢的故事。

不，或者说它不是故事，是我们求而不得的勇气，是我们爱而不能的真心。

# 情似雨余黏地絮

北戴河的夏季充满了梦幻的色彩，一位少女的梦，一份爱情的幻。

赵家的小女儿，赵一荻，她永远那么清纯可爱，站在北戴河的礁石上，看着天上的晚霞和海里的浪花，她笑得璀璨无比，因为此时的她是幸福的，少女的幸福，来自一份心动。

从第一次真正意义上见到张学良后，一荻又和他打过几次网球，最初的戒心完全消散，她深深地被张学良折服，也深深地爱上了他。她感到这份幸福带来的惶恐，害怕老父发现，又深陷这段感情不能自拔。

此后，张学良和一荻多次在北戴河一起游泳，或是散步，张学良有时也会在别墅里设下晚宴，宴请一荻。他们也经常一起下棋，棋逢对手，彼此大有一种惺惺相惜之感。随着感情的急剧升温，一荻已经感到自己离不开张学良了，但是名义上，张学良却一直引她为红颜知己。

一荻感到有些苦恼，陷入爱河是一件幸福的事情，但是毕竟，张学良是一位有妇之夫，虽然她受过西式教育，然而作为女子，一荻不可能不在意这种事。而且，父亲素来不许她和官场之人结交，更何况，张学良是张作霖的儿子，父亲对张作霖的厌恶，是根本不可能化解的。

少女心事有谁知，一荻有时为这些问题感到苦闷，但是一见到张学良，所有的烦恼都烟消云散了，她真的爱上了他，以至于所有的阻碍都不在意了。

张学良亲自驾车带着一荻去离别墅不远的山海关老龙口旅游，他们去了天下第一关城楼，又去了长城的发源地老龙口。一荻非常兴奋，俯望长城辽阔苍茫，这是神州大地上才会有的景象。多么壮丽，多么雄伟。

北戴河的日子，因为一份纯真感情的蔓延，变得甜蜜无比，一荻经常和张学良在一起，除了娱乐，她还当起了少帅的英语教师，因为一荻的英文非常好，而少帅又很好学。但是这样的时光过得太快了，张学良毕竟是军人，军令如山，来自张作霖的电文让张学良感到无奈，他必须马上离开。一荻更加难过，和张学良在一起的一个月非常快乐，没想到这么快就要分别。临行时，张学良提出给一荻写信的想法，却被拒绝了，一荻很清楚，如果父亲赵庆华发现来自张学良的书信会有怎样的反应。

张学良只好作罢。奉父命立刻去邯郸督师，他依依不舍地和一荻告别，允诺一定会去天津找她。但是军人怎么可以沉溺于儿女情长，离开北戴河后，张学良一直忙于战事，没有机会再去天津，自然也没有办法联系赵一荻了。张学良奉命去河南抵御北伐军，情势非常险峻，天时地利人和都不在东北军这一方，僵持良久之后，在连日的淫雨之下，他领导的东北军溃不成军。

张学良的心中苦不堪言，并不是因为别人眼中战无不胜、不可一世的军团长张汉卿战败，而是他不能保护自己的军队，不能守护奉系，他自然知道北伐战争战败的后果会是什么。从郑州北撤前，他下令不准炸毁弹药库，他不想为了东北军伤害无辜的百姓，而炸毁弹药库必定会伤害到无辜的人。

羁旅生活非常艰苦，更何况还没有打胜仗，张学良在一个个不眠之夜里，多想有人可以安慰自己，给自己鼓励，可是，他能依靠的，却是鸦片。谁也想不到，英明神武的少帅张学良竟有无法戒除的毒瘾。当然，行军途中他非常克制。说起毒瘾，是从前在战事吃紧、压力非常大的时候不小心沾上的，没有想到它竟如此厉害，之后多次想戒除都功亏一篑。

他经常会想起赵一荻，想起北戴河那一段美丽的时光，虽然它很短，真的很短。已经过了很久，不知道自己杳无音讯一荻会不会担心。

一荻当然会担心，岂止是担心，简直心急如焚。

分别之后，报纸上鲜有张学良的消息，好不容易等到的消息却是他战败撤兵。此时一荻正在准备迫在眉睫的毕业考试，却因为担心他根本无法复习，毕业考试反常地考得非常差，但是她不后悔，她思念心上人，更担心心上人。

一别许久，一荻终于等来了那个让她茶饭不思寝食难安的人。

初夏，一荻乘坐姐夫冯武越的红色小汽车驶进海河边上的赤峰道，她抚着胸口，唯恐心脏会跳出来一样。她素面朝天，甚至有一些凌乱，因为得知张学良回天津的消息，她就迫不及待地跑了出来。一荻有些愠怒，因为自己现在的样子实在不精致。

海河边上的赤峰道，建筑非常有特色，是美、法、英、意大利、俄罗斯、西班牙、荷兰、希腊式的建筑群，住着的全部是一些高官政要，一荻第一次来这个地方，惊奇地望着这些宛若童话宫殿的美丽建筑。张家别墅，坐落在这个建筑群之中，是一幢罗马风格的别墅。一荻下车之后，快步跑进别墅里面，却在楼梯上放慢了步子，她太激动了，有些手足无措，同时，她知道张学良因为战败心情不好，也不想太莽撞地打扰到他。

缓缓推开房门，一股浓烈的大烟味让她不由得皱起了眉头，她兴奋不已的心情一下子跌倒了谷底。因为，一荻看到了她心心念念的那位了不起的将军，正衣冠不整地躺在床上吸大烟。房间略显凌乱，鸦片的味道令一荻非常不适，她不能接受，那个神采飞扬的青年将军，如今借抽鸦片来逃避痛苦。

　　张学良也发现了一荻，他略显尴尬地放下烟杆，向她解释，包括自己如何染上毒瘾以及戒毒多次未果的经历。一荻见他的神情无奈而真挚，她知道他很痛苦，一下子就心软了，好言相劝让他戒烟，张学良为她的深情所感，居然允诺了。第二天，一荻再来找张学良的时候，他正在和一位日本医生商量戒烟的事，这让一荻非常欣慰。

　　久别重逢的一荻和少帅都非常珍惜这相见的时光，一荻也答应督促少帅戒毒。他们相伴到海边散步，在公园泛舟，日子浪漫而甜蜜。

　　但是好景不长，一天，一荻从张家别墅回家，远远地就看见姐夫的车子停在小院中，姐姐姐夫来了吗？一荻寻思着，但是看见自家小洋楼三层楼的灯几乎全部亮着，心中隐约有一种不祥的预感，难道是出什么事了吗？

　　一荻刚刚进门，六哥赵燕生就迎了上来，四妹，你可算回来了。燕生的语气焦灼万分，一荻突然恐慌起来，不出她所料，六哥告诉她的消息果然是她与张学良交往的事被父亲知道了。一荻害怕极了，她可以想象父亲知道最爱的小女儿与一个有妇之夫，而且那个人还是张作霖的长子陷入情网会怎样的震怒。

　　赵燕生告诉一荻父亲赵庆华知道此事是大姐赵绮雪和冯武越撮合，现在正在责骂他们，已经拍了一晚上桌子了。一荻听见后更加恐惧，她知道自己挨一顿责骂在所难免，不知道父亲会怎样惩罚自己。

　　一荻走到父亲的房间外面，她可以听见父亲拍着桌子大声地训斥着姐姐姐夫的声音，她安静地坐在桌子旁边，心情反而慢慢平静下来，没有刚刚那么害怕，因为在上楼的时候，她反而下定决心，或者说是在那种紧张的时刻她看清了自己的心，父亲自然会让自己从此断绝与张学良的关系，但是她不想，她那突如其来的极度恐慌不是因为害怕父亲，而是害怕离开张学良。一荻明白了，她离不开张学良，她决定不放弃，不会因为父亲的责罚而放弃。

　　人们往往会在危险的时刻看清自己的心，看清自己的决心。

一荻伏在桌子上，听着房间里的责骂声，竟然慢慢睡着了。醒来的时候，已经是第二天凌晨，姐姐姐夫已经离开了，一荻犹豫着，最后还是鼓起勇气走进了父的房间。

迎接她的，不是狂风骤雨般的责骂，而是绝对的寂静，可怕的寂静。一荻在这寂静中反倒感到怯懦了，父亲看着她，一瞬间竟似憔悴了许多。他没想到，他最疼爱的四姑娘，品行样貌皆比其他女儿出色，如今，竟然做出这种事，爱上一位有妇之夫，置赵家严格的家规和道德伦理于何处？赵庆华失望地问及一荻与张学良的事情，然而一荻不知哪里来的勇气，竟然顶撞起父亲来。她说张学良只是普通朋友，而且他的品行端正，和他的父亲张作霖根本不是一路人。他不仅有军事才能，也非常有才华，博学多识，我们在一起切磋学问，他还鼓励我去东北上大学呢。

赵庆华盛怒，他没想到女儿竟会顶撞自己，更没想到一荻已经在和张学良谈论未来了，去东北上大学等于放弃她多年的梦想追随张学良而去，她难道不清楚自己在做什么吗。赵庆华怒道，我们赵家的姑娘绝对不会给人做小！

一荻惊愕了，确实，如果她坚持和张学良继续来往，他们之间的感情绝对会一发不可收拾，但是，他们会有结果吗，当然不会。张学良已有明媒正娶的妻子于凤至和随军夫人谷瑞玉，但是一荻不想向父亲妥协，她不答应父亲从此断绝与张学良来往的要求。

赵庆华非常生气，从此将一荻软禁在家，不许她出门。可怜的老人也是没有了办法，他是那么爱他的掌上明珠，他的四姑娘，他是真的心疼她，赵庆华比一荻更明白，张学良这种已有妻室的军阀，是不可能照顾自己女儿一辈子的。就算他不是张作霖的儿子，他也不允许一荻和他在一起。

六月的天空已经生出些许酷暑之气，按照赵家的惯例，六月，该去北戴河避暑了，然而今年没有，赵庆华被一荻的事情弄得心烦意乱，又恐生出其他的事端，所以北戴河之行就取消了。

一荻百无聊赖地在家里过着被软禁的生活，明明心中思念如狂的人就离自己不远，可是却不能相见，一荻觉得备受折磨。她渴望知道张学良的消息，他现在怎么样，还在天津吗，戒毒是否痛苦是否成功？直到有一天好友朱媚筠，也就是朱启钤的女儿，一荻在中西女中的同学带来一封张学良的信。朱媚筠的姐姐朱洛筠正在和张学良的弟弟张学铭谈恋爱，这封信一定是张学良让弟弟转交给自己的。

一荻拆开信，看见心爱之人熟悉的笔迹，顿时泪如泉涌。

张学良在信中表示非常想念她，并希望她和自己一起去北戴河重温旧梦。

但是一荻出不了门，她被困在家里已经快一个月了，这一个月，她简直是过着画地为牢的日子，痛苦万分，思念成疾。

一天，在哥哥的帮助下，一荻偷偷溜出了家门，她坐上汽车，朝着那个她心心念念的人飞奔而去，当看见张家那幢罗马式的房子时，一荻激动得几乎要哭出来了。可是，一荻没想到的是，房子空无一人，不，不是空无一人，只是没有张家想见的那个人。

张学良去北戴河了。

一荻一下子哭出来了，是委屈，是难过，是思而不见的断肠欲绝。

回家后，一荻依然是哭个不停，她现在唯一希望的，就是张学良能够早一点回到天津，带自己去东北上大学，她已经毕业了，如果不快一点商量好自己的出路，就只能听从父亲的安排去燕京大学。可是，她是真的，真的，真的想与张学良去东北。那个遥远的祖国边境，是否大雪漫漫，冰封千里？

天津的夏季很热，一荻天天被关在家里更觉心里燥热难当，可是，当夏天的尾巴也抓不住时，一荻还是没能盼回张学良。他必定是从北戴河直接回东北了，再见已是遥遥无期，因为入秋，一荻便要遵从父亲的安排去燕京大学上学了，通知书一荻也收到了，张学良没有回来，她别无他法。

然而，就在一荻准备赴京前夕，大姐绮雪告诉她，张学良回天津了。

在大姐绮雪的建议下，一荻以赴同学聚会的理由离开了家，她与张学良在美丽幽静的雅园相见。月色动人，海河边的雅园，一荻再一次见到她思念的少帅，可是这一次，她不再像以前那样急切焦灼，满心欢喜。因为她似乎明白，自己与张学良无法有一个好的发展，张学良也无法给自己一个答复。

一荻的心里，充满了悲伤。

这一夜，离别的一夜，一荻与张学良谈到了以前不敢谈到的问题，因为彼此都明白，他们不仅仅只是朋友了。张学良说起了他的两位夫人，于凤至和谷瑞玉，他对一荻承诺，会派人接她去东北上大学，但是一荻应该先遵从父命去上燕京大学，以免引起家庭纠纷。但是，他已有家室，这一点是不可改变的，若是一荻无法接受，张学良说，他们只能永远分手。

少帅的眼睛在夜色中显得真切动人，和一荻一样，他也已经用情至深了，真正的爱情是不应该被世俗所束缚，但是他尊重一荻的选择。

自北戴河分别后，一荻就发现自己已经离不开张学良了，他的每一步都牵动着自己的心，一荻已经不想再与他分别，不想每天在报纸上才能寻觅到关于他只言片语的近况。她动情地看着张学良，愿意为他远离家人前去东北。

月下的雅园，一对璧人紧紧相拥，心连着心。

作为赵一荻，一个出生在封建大家庭的名门千金来说，自由选择自己的爱情，绝对是打破世俗之举，可能会付出昂贵的代价，比如她的名誉，她的家人，可是她不后悔。一个女子在爱情前所表现出的勇气与决心，着实令人感动。

月夜分别之后，赵一荻赴燕京大学。

既与少帅约定好了，一荻就从未感到害怕，她希望张学良承诺的接她去东北上大学的那一天早一点来到。大学校园是美丽的，一荻在美丽的燕京大学不断收到张学良的来信，他奔波于沈阳、天津，也颠簸于河南前线，他在任何地方，都会给一荻写信，他在任何地方，都在思念一荻。

正在一荻希望去东北的日子早一点来临时，她心心念念的少帅，却遭遇到一场重大的劫难。

天有不测风云，更何况，张汉卿，是一名军人，是一名生长在遭受外辱的神州大地上的一名军人。

# 夜奔沈阳惊风雨

1928 年 6 月 4 日，奉系首领、安国军大元帅的专列在皇姑屯附近被炸，张作霖伤重而死。

中国政坛形势严峻异常，北洋军阀群龙无首，东北军明争暗斗。

1928 年 7 月 3 日，沈阳邮局的发报员向全国的邮局发出了一份"张学良就任东三省保安总司令"的电报，张学良子承父业成为北洋军阀新生代领导人。

政权更迭，所有的一切发生得如此迅速，似乎很顺利，除了老帅张作霖意外身亡。

但是实际上，这短短的一个月，对于张学良来说却是万分艰难的一个月，这当然不仅仅是因为父亲之死。

1928 年的夏天，张学良从情势严峻的北伐前线返京。出事之前的晚上，父亲张作霖迫于日本方面的压力，已经同意放弃"中华民国"陆海空大元帅的桂冠，率领少数随行侍卫与官员，乘一辆专列从北京前往关外的老家——沈阳。但是日本人仍然不放过曾经相交甚好的张作霖，在他回家的途中埋下炸药，执行爆炸张作霖乘坐火车的秘密行动计划，日本人企图把爆炸者伪装成是国民党政府方面所为。而他们的阴谋是，炸死张作霖，乘混乱之机，出动军队，武装占领东三省，制造伪满蒙帝国，另立傀儡。

　　长时期以来，张作霖与日本人都有交往，他在建立东三省政权、两次直奉战争等重大事件中，都曾得到过日本人的支持，但是在北伐战争势如破竹的背景下，张作霖采纳了张学良退兵言和的谏言，并发表了主张和平的电文，表示愿与国民军息争对外，眼看一场即将爆发的更大规模的战争制止了。这本是好事，却引起了日本人的不满，驻京津一带的日军，连日来调兵遣将，企图以武力阻止国民党军队北进。但由于张作霖的撤退，加之美、英等国也暗中支持国民军的行动，所以日本人也无可奈何。但是日本人却并没有放弃，他们在《觉书》中狂妄宣称："中国动乱行将波及京津，满洲地方亦有蒙受扰乱之虞。大日本帝国具有维持满洲治安之责任，一旦发生事故，帝国即将采取有效措施……"言语间的威胁之意显而易见。

　　而当张作霖与日本人的利益冲突日益严重的时候，他始终盲目自信，不顾张学良的劝告，态度强硬，他太相信东北军的实力，认定日本人不会明目张胆地进行谋杀活动，在回沈阳一事上他亦犹豫不决，甚至回去的日期都是占卜决定。关于这一点，我们可以看到张作霖的迷信之重，张作霖小时候改名为"小六子"亦是因为他的迷信。

　　6月5日凌晨，得知噩耗的时候，张学良正在中南海万字廊主持一次东北军高级将领的军事会议。国仇家恨，父亲枉死，张学良的心中顷刻到了崩溃的边缘。他强忍着悲痛，屏退从人，暗自安排一辆军车，决定在当天深夜时分，秘密返回沈阳奔丧。显然，这是一时冲动的决定，奔丧绝对没有张学良想象中那么简单，日本人能放肆地炸死一个张老帅，又怎么会在这种风口浪尖的时刻放过张少帅。但是一向心思缜密的张学良没有想到这些，父亲的恩情大如天，他必须立刻回沈阳。

　　而在燕京大学的赵一荻，6月初已经放了暑假，得知张学良即将返京，但是她不得不回天津以免引起父亲赵庆华的怀疑，思念之人将至而自己却不能相见，一荻感到万分痛苦。但是让她更痛苦的，便是皇姑屯

风云，返回天津的前夕，一荻得知这个消息，张作霖是她厌恶的人，但是她竟然感到难过万分。因为她知道，这对张学良来说是一个多么大的打击，同时，也是一个多么大的危机。

张学良的列车在天津北站稍作停留。彼时，正是深夜，外面狂风骤雨，一如他纷乱的思绪。

这时候，侍卫谭海却突然告诉他有人求见，张学良心烦意乱地拒绝，但是得知来客是赵一荻时，他惊愕了。

月台上，一荻打着碎花小伞，在夜色中显得那么娇小屠弱，张学良奔到他面前，千言万语竟一时无法说出口。他想念她，在这种悲伤的时刻，更希望她陪伴自己，然而一荻没有办法过多地停留，列车就要开了。一荻简明地说明来意，此刻的时间太珍贵。她告诉少帅他现在的危险处境，根本不能回沈阳。张学良被她一语惊醒，决定听从她的建议。

张学良在天津听从赵一荻的建议，然后便秘密回到滦州，他藏在横山深处的大觉寺，每日伴着晨钟暮鼓，忍痛熬过了十几个寂寞的日子。而沈阳老家里，一切由少帅夫人于凤至主持，为了稳定局势，于凤至对外称张作霖受伤静养，秘不发丧，直到六月底，张学良才从滦州带着几名侍从，化装成伙夫，乘坐闷罐车，秘密通过山海关日军设下的封锁线，回到沈阳主持张作霖的丧礼。

子承父业并不是一件简单的事情，当时东北军被分为老派和洋派，张学良一个年轻将军，失去祖荫，如何能顺利登上张作霖的位子。当时张学良却被各界一致推举为东北三省保安总司令，因为他有战功，有军权，也是老派和洋派相互妥协的结果。皇姑屯事件发生后，由于东北当局的镇静，再加上张学良迅速顺利地完成了权利的交接，形势稳定，这就使得一直伺机而动的日本帝国主义者的嚣张气焰不得不有所收敛。

7月3日，心急如焚的赵一荻在报纸上看见《沈阳举行盛大阅兵式：张学良子承父业被各界公推为东北三省保安总司令》的报道，上面还有张学良的大幅照片，手臂上系着黑纱，高高地骑在马上检阅东北军。一直提心吊胆的一荻总算放下心来，这一个月来，她没有少帅的消息，不知道他的消息，简直心急如焚。他瘦了，憔悴了，可是脸上的神情却更坚毅，更深邃，一荻呆呆地注视着报纸上的照片，欣慰地笑了，只要他平安，就好。

燕京大学开学了，一荻天天等待着张学良的来信，他现在是东三省的最高将领了，事务繁忙，但是她知道张学良记得她，而且会信守诺言。果然，燕园的信箱里，她等来了他的来信。张学良简单告诉一荻他这一个月来的所作所为，然后表示他们之间的一个阻碍已经不在了，这个障碍自然指的是张作霖，张作霖会不会接受赵一荻，赵一荻会不会接受张作霖，之前这是一个严重的问题，但是现在已经不存在了。张学良在东北大学为赵一荻报了中文系，希望一荻去东北找他、陪伴他。

一荻的心顿时怦怦狂跳起来，她一直希望和张学良在一起，如今张作霖仙去，从某一种意义上来对于她和张学良之间确实少了一些困难，但是老父赵庆华呢，他怎么可能让自己心爱的四女儿去东北，追随一个有妇之夫，纵使他的地位如何尊贵。

一荻在燕京大学继续和张学良保持着书信联系，关于去东北一事，并不是立刻就能实现的。1928 年的冬天，一荻放寒假回天津。

又是一个严冬，北方的天空飘洒着鹅毛大雪。

一荻在琉璃世界中思念着张学良，而张学良，此时，正为东北易帜的事劳心伤神。东北易帜，从酝酿到完全实现，是从 1928 年 5 月 30 日开始，到 12 月 29 日完成的，历时 7 个月。这一重要的政治行动，是张学良当机立断、亲自推行的。但是很显然，这个过程也是艰险万分的，张学良首先进行的是京、津、热河和滦东等地的易帜，期间，局部地区虽然也还有摩擦，但到 9 月间都实现了易帜。唯独东三省的易帜，由于日本帝国主义从中作梗，曾被迫一再延期。

但是张学良知道，东北军只有易帜才有前途，所以面对日本人的威逼利诱，张学良丝毫不放弃易帜的决心。他采用迂回的策略，与东北各

方面的使者周旋，也设法稳住了日本人，最后在 1928 年年底，完全实现了东北易帜。

东北易帜最后实现了，这让身在天津的一荻震撼不已，连父亲赵庆华都对他刮目相看，因为实现改旗易帜，充分显示了张学良的勇气、智谋和坚定不移的爱国主义信念。

这样说并不过分，张学良当时面临的压力，除了来自日本方面，还有东北军内部，放弃手中的权力，将之归属国民政府，对于东北军中的一些高层将领来说是难以容忍的。典型的范例便是当时轰动一时的"杨常事件"，东北易帜后不久，张学良就突然处决了在东北领导集团当中举足轻重的杨宇霆和常荫槐，这并非是为了树立威望，确实是不得已而为之。他们专权跋扈，热衷于权力之争，所作所为已成为东北政权内部的不安定因素和严重威胁，张学良既然要孤注一掷，那么面对他们两个这样的行为，也不得不铤而走险了。

正在一荻为张学良实现了改旗易帜而高兴时，她从大姐绮雪那里得到了一件重要的消息，或者说，是她即将面临的一个重大选择，这就是张学良之前承诺过的接她去东北上大学，而现在，他要兑现了。

张学良派遣一直跟随自己的谭海亲自来天津接赵一荻，谭海住在赤峰道的张家别墅里，与冯武越取得联系再将这一消息告诉赵一荻。

古板严厉的老父亲赵庆华怎么会允许一荻去东北呢，等待一荻的肯定是像之前一样的软禁，但是，幸福不是要自己争取吗，自古以来，追求婚姻自主的女子不是都会付出一定代价吗。一荻默默地下定决心，她要给自己的人生做主，她要去东北追随她心心念念的张少帅。一荻的决定，换一种说法，即是离家出走，女子离家出走，与人私奔，大多是没有退路的。

但是赵一荻不需要退路。

一荻在姐姐绮雪和姐夫冯武越面前掷地有声地表态，我绝不后悔！

两天后的一个雪夜，一荻偷偷溜出家，在谭海等人的护送下，乘坐火车前往冰封千里的沈阳。除了姐姐赵绮雪和姐夫冯武越，没有一个人知道。

一荻望着窗外的茫茫夜色，此刻正是大雪纷飞，她突然觉得很冷，此刻她的脑子里很乱，真的很乱。

天津，她生活了十几载的地方，还有她的亲人，记得母亲在家中地位很低下，因为母亲是侧室，她记得父亲的正室吕氏姆妈盛气凌人的样子，而自己，自己，以后也会和母亲一样吗。

母亲非常善良，很爱自己。父亲呢，父亲很严厉，但是对自己却比对其他兄弟姐妹更疼爱，在香港的时候，每次父亲回来，都会亲切地抱着自己，带自己去吃美食，玩好玩的，后来来北方，父亲也对自己疼爱有加。还有姐姐们，哥哥们，她在他们的呵护中长大。可是自己现在却无情地抛弃了他们。

一荻非常难过，不知道自己什么时候可以回天津，再回来的时候，大概是很久之后，那时候，也许父亲已经不生气了，要好好地向他们道歉，就算父亲仍然不谅解，不接纳张学良，应该会重新接纳自己吧。

而沈阳，沈阳等待自己的，又会是什么呢。

不管是什么，只要张学良在沈阳，沈阳就会成为她新的家，永远永远。

黑夜中列车急速划过，在风雪中驶向未知的前方。

发现心爱的小女与人私奔，对于赵庆华这样古板严厉的父亲无异于晴天霹雳。赵庆华病倒了。

赵家弥漫着一种紧张而古怪的气氛，赵庆华在租界内的英国医院进行急救，而赵一荻夜奔沈阳的消息也不胫而走，一个是东北三省的最高长官，一个是出身书香门第的大家闺秀，这样的桃色艳闻传播速度惊人。各种小报失真的大力渲染，三姑六婆茶余饭后的闲言碎语，赵一荻出走的新闻很快就传遍天津城，变成家喻户晓的桃色故事。

一家名叫《商海周报》的民间小报最先刊载此消息，报道写道：曾任过北洋政府交通部次长的赵庆华四女，近日竟传出艳闻。一个只有 17 岁的少女，竟然和大她 13 岁的张作霖大少爷张学良暗度陈仓了。据言，此前赵四小姐一直出入于张学良在赤峰道的公馆里。二人最初由《北洋画报》总经理冯武越牵线，后又时常在租界蔡公馆家里私会。张学良不顾家中已有夫人的现实，大胆向赵四小姐示爱，最终导致赵四小姐私奔。这就是赵太爷一怒之下住进仰天医院的因由。

这则名为《赵四小姐失踪记》的报道可谓是信息量巨大，牵涉到很多人，一经刊登就被各大报刊疯狂转载。赵庆华看到后，本来就盛怒难当的心更添怒火，因为他的一世英名被报纸描述得一点不剩。

赵一荻"失踪"后的很长一段时间，住在医院里的赵庆华情绪都不稳定，极易怒，也拒绝亲友的看望，一辈子管教子女都极其严厉，如今最疼爱的小女儿却做出这种事，多么讽刺，叫他如何接受？

而远在沈阳的赵一荻，虽然未见关于她的桃色新闻，但是赵家甚至天津会发生怎样的轰动，她也是可以想象的。半封建的中国，像她这样的举动，大概会被描述成大逆不道、不顾名节的女子吧。一荻有时候会难过，但是马上又好了起来，她认为自己的牺牲值得，她要在沈阳开始新的生活，至于天津的风风雨雨她必须承受。

但是赵一荻低估了她的这一行为带来的后果。对于她来说，就算心中决然，毕竟年幼，有些事她想不到，也不明白。

如果她当初放弃张学良，安安心心地读完燕京大学，走进一段父母之命媒妁之言的婚姻，她会很平淡地过完这一生。但是，她的性子，却注定会选择自己最想要的，她爱上一个不平凡的人，也注定，这一生，命途多舛。

更大的风雨，在后面迎接她。

# 第 二 卷

只愿君心似我心

# 离家出走陷图圉

　　山也迢迢水也迢迢，山水迢迢路遥遥，盼过昨宵又盼今朝，盼来盼去魂也销。梦也渺渺人也渺渺，天若有情天亦老，歌不成歌，调不成调，风雨潇潇愁多少，愁多少。

　　这是一首现代歌曲，其中的清韵却似来自遥远的曾经。

　　思念就似这样，山水迢迢，千丝万缕。

　　而在20世纪20年代，一位为爱勇敢付出的女子，越过迢迢的山水，越过世俗的偏见，向着所爱之人奋不顾身、不留退路地奔去。

　　谁不为之动容？

　　大雪飘飞的沈阳，风尘仆仆的清丽女子谨慎而果断地踏上一片陌生的土地。

　　抬头，是辽远的天空，和奔向自己的恋人。一段没有回头路的感情，一段旷世传奇，就这样，在遥远的北国边境真正开始了。

　　赵一荻和张学良在一场危机四伏的政治风云之后，在辽远的北国边境紧紧相拥。而在天津，那个赵一荻逃亡的城市，一场风波却怎么样也无法挽救。

　　被媒体竞相报道的赵四小姐私奔事件给了赵庆华巨大的打击，在医院住了一段时间后，他无法容忍一世英名被毁，更无法接受女儿大逆不道的行为。很快，人们在报纸上看到一则"兰溪赵燕翼堂启事"，在报纸上连续刊登了整整五天，这是赵庆华发表的，启示如下：

我族世祖清献公，系属南宋后裔，居官清正，持家整肃，家谱有居家格言，家祠有规条九例，千余年来，裔孙遵守，未尝败坏。历朝御赐文联，地方后吏春秋致祭，即民国前大总统、总理亦赠匾对，荣幸何似！讵料四女绮霞，近为自由平等所惑，竟自私奔，不知去向，查照家祠规条第十九条及第三十二条，应行削除其名，本堂为祠任之一，自应依遵家法，呈报祠长执行。

文中虽然没有出现要与赵四断绝父女关系，但是它的意思却比断绝关系严重得多。赵庆华旨将赵四从祖籍中除名，就是说，赵家再没有赵一荻这个人。

耿直的赵庆华自此果然再也不见赵一荻，也不管她的任何事情，如同陌生人，没有任何交集的陌生人。启事发表后，赵庆华悄然离开天津，前往北平香山脚下的一处民房里，独自起了隐居生活。从此远离津门，隐居京郊，一直到"九·一八"事变后郁郁故去，至死都没有饶恕赵一荻。

初到沈阳的赵一荻知道这件事后，知道她永远地失去自己亲爱的父亲了，想到父亲的恩情自己再也没有机会报答了，反而让父亲受到这样的打击和侮辱，她不由得痛哭起来。夜奔沈阳的时候，她是一心一意追求自己的爱情，愿意承受任何流言蜚语，她知道赵家会因为她掀起一场轩然大波，但是她没有想到父亲竟会绝情至此。此后，赵一荻也再没有回过家，甚至父亲临终时，也没有回去见他一面。多年后她曾对三姐说："我爱汉卿，是出于我自己的选择，并不后悔，但我不辞而别，触怒了父亲，使他下不了台，我心中始终对不起他的。"可见赵一荻在这段世俗不容纳的感情里的痛苦挣扎与义无反顾。

其实，关于赵庆华将赵一荻从赵家祖籍除名，也并非完全是因为愤怒。一荻是他最心爱的女儿，就算再怎么样愤怒，也不至于至死不原谅爱女。史学家曾表示赵庆华此举是棋高一着也是非常有道理的。赵庆华公开申明与赵四断绝父女关系，一是撇清了自己与张家的关系，在动荡的时局中，可以保全赵家遭受张学良敌人的暗算，更重要的是，赵庆华此举断绝了赵一荻和张学良的后路，一荻投奔张学良，已经断了自己的后路，而对于花花公子张学良来说，所有人都知道了一位少女追随于他，不计名分，不顾名节，并且为他失去了家庭，日后他若生异心抛弃一荻，必遭世人唾弃。

一位父亲，在女儿固执地走向一条不归路时，能做的只能如此。

而离家私奔的一荻，怎么会了解父亲的苦心，一个单纯的少女，出身书香世家的大家闺秀，从小过着被人宠爱的日子，一下子失去了亲人，失去了一切，她要如何接受。

关东严寒，一荻不适应这里的气候，很快就感冒了。她被张学良安置在北陵别墅，并未进帅府，一荻没想到自己连帅府都不能进，但是对张学良这样的安排表示理解，毕竟，他的家里还有夫人于凤至，而且自己也不想争什么名分。

生病了的一荻独自住在北陵别墅，既不能出入帅府，如何能经常见到刚刚掌管东北军政忙得不可开交的张学良。初至东北的赵一荻整天只能读书练字，非常孤独。

一荻没有想到会面临这种困境，父亲与她断绝关系，自己名不正言不顺地住在北陵别墅，身体生着病，既无法经常见到张学良，也不能去东北大学读书。

有时候，一荻呆呆地坐在窗前，眼睛发酸，却又不敢哭出来，纵然在这样的困境下她真的很慌乱、很难过很无助她也不希望张学良看见自己不悦的样子。

张学良知道一荻心里痛苦，也尽量抽时间来看他，可是，他真的太忙了，刚刚易帜，东北军内部一些政敌依然千方百计地找他的茬儿，他的处境也是艰难万分。一天，张学良来看一荻，刚进门就发脾气，因为他有怨气不敢在士兵们面前发，他在一荻面前发脾气是因为他信任一荻。张学良在一荻面前对东北军中颇具名望的杨宇霆破口大骂，一荻不知所措地安慰他。

平静下来之后，张学良又满怀歉意地向一荻道歉，因为自从她来之后，不仅赵庆华与她断绝关系，自己也因为军中事务繁忙没有办法陪她。然而一荻此时却说没有关系，她巧笑嫣然，虽然生病多日面容憔悴，但是仍然明丽动人。在见到张学良的那一刻她明白了，她已经得到了自己追求的爱情，就算失去再多的东西也是值得的，只要能陪在张学良身边就够了。过去的一切都无法挽回，她放弃了自己的家庭，还有什么不能放弃呢？张学良感动地紧紧抱着她，他亏欠一荻太多了，她越是温柔懂事自己就越愧疚。

张学良告诉一荻，自己现在的状况其实并不好，刚刚上任，他承受的压力太大了，他希望一荻能推迟去东北大学上学，现在暂时在自己身边帮助自己。

皇姑屯风云中，如果不是冰雪聪明的一荻，他就不可能安全地回到沈阳为父亲张作霖举办丧礼，也不可能顺利接掌东三省。一荻很有智谋，而张学良现在正需要她的智谋。这对于赵一荻来说自然又是一次牺牲，她抛弃了家庭，现在连求学的梦想也不能实现。但是在这种情况下，她怎么可能让张学良独自作战呢，她已经为张学良放弃了一切，再为他奉献一次又何妨。

张学良让赵一荻做自己的秘书，并为她改名赵媞，改名一是因为她被逐出家门，赵绮霞的名字自然不能用了，而且赵绮霞私奔之事吵得沸沸扬扬，用这个名字也不太方便，赵媞这个名字取自《楚辞·东方朔〈七谏·怨世〉》："西施媞媞而不得见兮。""媞"即是美好之意。

共进晚餐的时候，一荻发现张学良闷闷不乐，他们在一起的时候不多，所以一荻格外珍惜。冰雪聪明的一荻很快猜到了张学良是因为夫人于凤至而不开心，自己离家出走的事情闹得沸沸扬扬，夫人怎么会不知道呢，恐怕又给少帅造成了困扰吧，他本来就为军中事务劳心伤神。一荻温柔地安慰张学良，并表示自己绝对不会与夫人争夺名分。

一荻猜得没错，一向贤良淑德的于凤至虽然对待张学良非常宽容，可是绝对不允许他带外面的女子到家里来，一荻只想守住自己的爱情，可她毕竟从小是家人的掌上明珠，突然到了这样委曲求全的地步，任再豁达明理的女子，也无法泰然处之。一荻很努力地让自己看起来毫不在意，她不想让张学良因她而为难，她想永远守护在少帅身边。汉卿，不要为我觉得为难，我在这里，一切都好。

张学良否认自己郁郁寡欢是因为夫人于凤至，他知道这件事会伤害一荻的自尊和感情，一荻默然，冰雪聪明如她，怎么会不明白张学良的心意。

一荻已经从照顾她的仆人那里听说，张夫人于凤至在得知自己将来沈阳之前，就和张学良吵得不可开交，而张学良的随军夫人谷瑞玉以前同样有过这种遭遇，所以她一直被张学良安置在远离帅府的一幢公寓里。于凤至在张家一向品行端正，以德服人，大帅府上上下下的人莫不敬她三分，张学良也一直敬重这位比她年长的贤妻。但是对待赵一荻的事情上，张学良的态度也非常强硬，争吵最激烈的时候他甚至拔枪相比。幸好副官谭海、秘书朱光沐等人及时赶到，奋力从他手里夺下了那只随时可能走火的手枪，不然，真不知道他在情绪失控的情况下会做出什么意想不到的事情。

张学良的态度一定程度上激怒了于凤至，她不允许一个有着私奔丑闻的女子进入大帅府，更感受到赵四的威胁比张学良多年前从黑龙江带回来的谷瑞玉大得多。

张学良本想和于凤至协商好再给一荻一个答复，没有想到一荻已经敏锐地察觉到这件事。他只能柔声安慰一荻，凤至是一个宽厚善良的女子，过一段时间她一定会接纳你的。张学良看着柔弱的一荻心疼不已，他能给她一颗真诚的心，目前这种情况，也只能给她一颗真诚的心。一荻自然明白，她虽然依然忍不住哭泣，可是，能够得到张学良的真心，她渴求的也只是如此，一切都可以忍受。

在赵一荻的坚持下，张学良最终放弃了与于凤至的抗争，因为一荻不希望造成他的家庭不和睦，她表示不要任何名分，她永远不会成为大帅府的女主人，甚至连侧室的名分也不要。对于一个女子来说，这是一个让人觉得不可思议的决定，一荻的意思，即是愿意成为张学良一辈子的情人。

张家的家庭风波在一荻巨大的忍让和牺牲中渐渐平息了，此后，一荻陪伴张学良左右，一直以秘书相称。

赵一荻以张学良的秘书身份公开出现在东三省的政治外交场合。她以娴熟的英语，周到得体的处事能力和与人为善的人品风貌，很快就赢得了东北政界高层的一致赞许，成为张学良不可或缺的左膀右臂。

其实，老帅张作霖在世时曾经给张家定下一个规矩：眷属不许参与军政大事。张学良认为父亲说得有理，也一直秉持着这个家规。但是，随着赵一荻走进他的生活，由于对她品性才智的逐渐了解，他渐渐突破了这条家规，开始给她以更大的信任，让她接触一些军机大事。赵一荻天资聪颖，很快学会了密码，因此张学良与外界的许多秘密交往都由她经办。尤其是在与红军秘密接触和其后扣蒋兵谏期间，机密电文无不经赵一荻之手。所以当"西安事变"发生后，中国共产党代表周恩来应邀来到金家巷张公馆时，便热情地向女主人伸出手说："这是赵四小姐吧！我们虽然没见过面，交道可是打得不少呢！"言谈之中甚为赞许。当然，这都是后面发生的事了。

1929年10月，张学良特为赵一荻在北陵别墅举办一次别开生面的东北大学学生游园晚会。那是他对赵一荻到东北后却不能如愿进东北大学读书所做出的一点补偿。他知道她多么喜欢大学的生活，多么希望和那些充满青春活力的男女学生们在一起唱歌和交谈，但是为了自己，她放弃了这个梦想。

晚会的时候，华灯初放的北陵别墅非常美丽，夜空中皓月千里，大地上光影斑驳。一荻和张学良站在北陵别墅的二楼阳台上，他们看着向别墅走来的东北大学生的队伍，整齐而充满青春活力。一荻泪流满面，这是她向往的生活啊，可是她放弃了，不得不放弃，张学良现在身上的负担何其沉重，最高长官的位子对于他来说就像是被架在火上烤一样，他需要一荻。

东北大学的学生们唱着东北大学校歌，歌声激昂高亢。

白山兮高高，
黑水兮滔滔。
有此山川之伟大，
故生民质朴而雄豪。
地所产者丰且美，
俗所习者勤为劳，
愿以此为基础，
应世界进化之潮流。

一荻在歌声中默默流泪，但是歌声中蕴含的爱国情怀又使她热血沸腾，她现在在帮助一位爱国将军，而且，也是在帮助自己的心爱之人，有什么好难过的呢？想到这里，她又微笑了，自己开心，才不辜负少帅的好意呀。

与刚到沈阳的时候相比，一荻已经适应了这里的生活，虽然很累，秘书的工作现在也得心应手。让她开心的是，张学良自从她提出不要名分之后再也没有和于凤至争吵过，于凤至自然也不会找自己的麻烦，只要相安无事就好，她安心地陪伴在张学良旁边，别无他求。

为爱私奔，也许不过只是一则桃色故事，但是，生死相随，白头偕老，便是一个传奇了。

对于赵一荻来说，她崭新的故事开始了，并且没有退路，她也不给自己退路，她太爱张学良了。

后世有一首歌是写他们两个人的，名字叫《生死相依》，私以为名字虽然平淡无奇，但是贴切无比：

依稀旧梦牵心潮，

也曾风雨任逍遥。

将军白发情未了，

天下悲欢你我共怀抱。

问遍人间有谁知道，

一生爱恋可留下几多欢笑。

问遍人间有谁知道，

历尽劫难依然是红颜不老。

依稀旧梦牵心潮，

也曾风雨任逍遥。

将军白发情未了，

天下悲欢你我共怀抱。

遗恨当年铁马萧萧，

出师未捷英雄泪洒人生万里道。

与你同行为你祈祷，

生死相依跟随你到天涯海角。

沈阳，一个女子的身影稚气而柔弱，但是傲立于严寒之中，面对一份感情，下定了守护一生的决心。她的心境单纯而壮烈，自古痴情女子令人尊敬，因为她们的心赤诚而珍贵。

一荻亦是如此坚定地等待着命运的考验，等待着属于他们两人的故事。

# 心事如网千千结

1929 年，中日局势已经非常紧张，张作霖之死没能让日本人达到乘机控制东三省的目的，因为张学良充分运用智谋完成了权力交接，之后又实现了东三省的改旗易帜。张学良归属于国民政府，对待日本人的态度自然更加强硬。

而这一年，我们知道赵一荻刚刚来到东北，正因为此，她的到来和她的帮助给了张学良极大的帮助和慰藉。

一荻虽然仅仅作为张学良的秘书，又不要名分，但是张学良的正室于凤至还是无法接纳她，不许她进入大帅府。因为张作霖在世时也确实不许张学良带外室进入帅府，所以张学良也无可奈何。刚到沈阳的时候，一荻住在府后一小楼内，有门可通。即使后来于凤至被赵一荻真挚的情感所触动，也只允许在帅府大青楼内特辟一室，作为赵一荻的闺阁。多数时候，一荻住在北陵别墅。

虽然委屈，但也相安无事。一荻现在无家可归，张学良是他唯一的亲人，她尽心尽力地帮张学良处理政务，因为张学良非常信任她，她又冰雪聪明，所以渐渐介入了张学良非常重要的军务。包括轰动一时的"杨常事件"，赵一荻在其中的功劳都是非常大的，这个我们以后会讲到。

张学良始终对赵一荻"寄居"似的生活非常愧疚，1930 年初，春风又温柔地拂过这个北国城市。张学良高兴地找到一荻，送给她一份礼物：一张图纸。

张学良决定在沈阳大南门张家帅府的东侧，大兴土木地兴建一幢新楼，是他请德国建筑师米高设计的赵四小楼。赵四小楼，这个名字是张学良取的，而后人更喜欢称之为金屋，寓意金屋藏娇。

一荻很高兴，这毕竟是张学良可贵的心意。值得一提的是，赵四小楼是于凤至提出来的，虽然张学良早就想帮赵一荻修建居所，但是却是于凤至先他一步提出来的，虽然她不让一荻进门，但是毕竟这样一位纯情女子不计名分地帮助张学良，她也不能太不留情面。

张学良见一荻很高兴，趁机提出让一荻去大帅府见于凤至。张学良的意思很明显，他希望于凤至可以接受一荻，这样好歹可以给她一个名分。但是一荻却非常害怕，自从来到东北，她从来不敢去见于凤至，虽然自己是追求真爱，但是对于于凤至，善良的她始终心怀愧疚与敬畏。汉卿，一荻柔声说，我不顾恶名向你奔来，早已不顾名分。张学良这才意识到自己旧话重提反倒是对一荻的一种不尊重，只得作罢。

他突然想起很久之前，那时他们刚刚相恋不久，他见一荻总喜欢在胸前带一个很精致的鸡心饰物。那饰物造型优美、玲珑剔透，犹如一颗灿烂的宝石，令人欣羡。出于好奇，张学良想让她取下来，让他仔细欣赏一下，一荻羞涩地一笑，却拒绝了，就好像内中还有什么秘密似的。后来，由于一荻偶然疏忽，张学良终于得到了这个饰物，他不看犹可，看了不禁喜出望外，原来饰物是空心的，打开看时，里面端端正正镶嵌着的并非它物，而是张学良的一张小照片！上面还用很秀丽的小字写着"真爱我者是他！"

从那时起，一直到现在，一荻始终用最纯粹的少女心去爱他，不计名分，无关功利。她爱他，所有的一切仅仅是因为她爱他。少帅看着眼前娇媚的女子，紧紧地抱住她。

红色的赵四小楼，到初夏的时候已经初具规模了。小楼很漂亮，里面所有的设施都非常现代化，比如抽水马桶、暖气和制冷设施，在20世纪30年代初无疑都是一流的，虽然小楼的面积并不大，但是美丽舒适。而且，根据一荻的意见，张学良命人在室内设了琴房、书斋和弹子房，室外也设计了一大片绿色的草坪。这些设计都让赵四小楼更加具有现代化气息，同时又不失典雅，与帅府的仿古建筑形成鲜明对比，更加呈现它的活力。

张学良多么希望小楼可以赶快建好，这样一荻就可以住在离自己近一点的地方，不用这么牵挂了。然而，意想不到的事情发生了。

就在赵四小楼竣工的前几天，住在北陵别墅的一荻突然生了病。起初只是后背生起了一圈淡淡的红斑，一荻只当是痱子，并未在意，也就没有去看医生。搬到赵四小楼后，却越来越严重，红斑渐渐变成一块偌大的红肿，而且肿块剧痛难忍。张学良发现后惊愕得大叫，立刻心急如焚地吩咐副官长谭海等人连夜去请城里的几位名医，对赵一荻背部的红肿彻夜进行调治。但是那些名医却无法诊断赵一荻是患的何种病，他们用尽中医和西医的方法都无济于事。一荻背后的红肿丝毫没有好转，反而越来越大，甚至发生溃烂出脓。

这连各路名医都束手无策的怪病时时刻刻折磨着赵一荻，几个月下来，她清瘦憔悴了不少，病情越来越严重却丝毫找不到治疗的方法。为她治疗的医生无奈地猜测，这终日流脓淌血的肿块，可能是一种无药可医的毒瘤。

张学良听到这种话更是焦虑万分，他决定送一荻去北京治疗，既然沈阳的医生没有办法，就去名医荟萃的北京，他一定要治好一荻的病。

一荻听他这样说，便说自己可以回天津。天津有一家协和医院，医术不逊于北京，自己突然生起这怪病，也许是水土不服吧，没有那么严重，回一次天津说不定就好了呢。一荻虚弱的语气中略带乞求。

张学良沉思片刻，最终同意了，虽然天津的医术可能比不上北京，但是一荻离家这么久，赵家又发生了那么大的变故，她肯定想回去看看。

而且她生病了，说不定会在此时得到家人的谅解，她有家人照料，心情会好一些，也有利于病情的恢复。

9月初，一荻在朱光沐和张府几位女侍簇拥相随，乘一列专车经京奉铁路回到了阔别的天津。

张学良公务繁忙自然是没有陪她同行的，但是承诺有时间就会去天津看望她。一荻临行时，张学良非常放心不下，一次次地嘱咐她注意身体，心情要好一点，如果可以，他多希望陪着一荻，因为他知道，一荻在这样的时候多么需要自己。

回到阔别已久的天津，一荻的心情复杂无比。海河还是像以前一样那么漂亮，秋波潆潆，一泻千里，在明媚的阳光下发出淙淙汩汩的响声。一荻深深地呼吸着天津的空气，这是她梦中的家乡啊。

一荻很快住进了协和医院。那里集聚着一批中外名医，特别是外科医生昂那克，是位精通外伤的德国权威医生。他只为赵一荻略作诊断，就马上断定她染患的是顽固的痈疽。

痈疽是由体内的毒素感染而成，虽然很难治疗，但是昂那克医生向一荻保证他们会治好她。果然，在昂那克精心的调治下，一荻背部的痈疽很快有所好转，肿块带来的疼痛也渐渐轻了很多。而且，一荻回到天津后，她的母亲也经常来看望她，这一点让她得到莫大的慰藉。

其实，一荻私奔之前，也就是早在被软禁的时候，母亲就对一荻和张学良的感情非常同情，因为她自己是赵庆华的元配，感情非常深厚，却屈居如夫人之位，爱情在现实面前的无奈，她岂会不知？但是一荻私奔之事她并不知情，却被赵庆华误会自己与女儿串通一气，自此更加冷落自己。罢了罢了，她只希望女儿病好了以后，能好好的，能一世安好。

然而，在一荻的病情渐渐好转的时候，又产生了其他的症状，她变得瘦弱无力，而且经常呕吐。昂那克医生发现后带她去做检查，结果诊断结果却让人大吃一惊。

一荻，怀孕了。

刚刚知道这个消息的时候，一荻欣喜若狂，她惊喜又无限温柔地看着自己的小腹，这里面，有一个生命，一个小生命，是她和少帅孕育的小生命。

但是喜悦很快就被忧郁所代替，因为昂那克医生告诉她，胎儿必须打掉，否则她的病很难好起来，而且可能会有生命危险。

一荻非常痛苦，她是那么爱张学良，也那么爱他们的孩子，怎么可能杀死他。第一次怀孕做母亲，一荻真的想好好生下他，养育他。母性是伟大的，一荻坚决拒绝了昂那克医生的建议，她乞求他帮自己保住这个孩子，她愿意冒着生命危险生下他。昂那克被她感动了，但是医生必须为自己的病人负责，他打电话到沈阳向张学良求助。

张学良在沈阳听说一荻怀孕，非常高兴，但是知道一荻现在的身体状况很难保住这个孩子，而且怀孕会伤害她自己之后，他也认为一荻应该打掉孩子，因为在他心中，一荻，那个纯真的少女是最重要的，至于孩子，看缘分吧。

10月初的一天，一荻躺在病床上睁开眼，窗外秋色渐浓，她突然震惊地发现，张学良就坐在她面前。汉……汉卿！一荻惊喜万分，你怎么来啦？

张学良此次乘专车由沈阳来到天津，一为探视病中的赵一荻，二是因为他必须在10月10日以前前往南京。这是张学良首次去南京，他已在沈阳就任了陆海空军副总司令，现在受蒋介石之邀，列席在那里举行的国民党三届四中全会。

时间紧急，张学良刚到天津就来协和医院看望赵一荻，他握着她冰凉的手，说不尽的怜惜与心疼，他柔声相劝："绮霞，我知道你喜欢孩子，我们也需要有个孩子。可是，你现在的痛疽还没有完全好转，在这种情况下，你如果不将胎儿打掉，体内就没有抵抗疾病的能力。那样一来，你就会因此而耽搁疾病的治疗。万一因此酿成大错，后果将是不堪设想啊！"

一荻看着分别一个月的张学良现在关切地看着自己，顿时眼泪扑簌簌地流下来，憔悴的面容格外动情。

汉卿，这是我们的孩子，我们两个人爱的结晶，我是他的母亲，怎么可以因为自己而伤害他呢。一荻温柔地抚摸着小腹，泪光闪闪，却又眼神坚毅。绮霞……张学良还想劝她，汉卿，一荻打断他，你不要劝我了，我知道你担心我，但是这个孩子不管怎样我都不会放弃的，宁死也不会打掉他的。

一荻是个温柔的姑娘，可是她的内心何其刚烈，她认定的事不管怎样都不会改变的，就像当初她放弃一切奔向张学良一样，现在也可以放弃一切，为了她和他的孩子。

张学良再怎么劝赵一荻，她也不答应打掉孩子，无奈只得放弃。他跟昂那克医生说，一定要最大可能地保护母子平安，昂那克看了一眼无奈又焦灼的张学良，又看了一眼坚定虚弱的一荻，然后慎重地点点头。

因为张学良必须马上赶到南京去，所以不能在协和医院过多地停留，他只能吩咐照顾一荻的侍女们悉心照料她，又嘱咐医生千万保住她的性命，然后深情地望了赵一荻一眼，匆匆离去。

张学良虽然劝一荻打掉孩子，但是他来看望一荻，对于一荻来说本来就是一个莫大的鼓励。获得张学良的同意后，昂那克医生再也没有劝说一荻打掉孩子了，因为他知道那不可能。一荻非常积极地配合昂那克进行治疗，这是为了自己，更是为了她和张学良的孩子。

也许是赵一荻的诚心和母爱感动了上苍，奇迹发生了。怀孕的赵一荻背后的痈疽竟然慢慢痊愈了，但是她的身体仍然非常虚弱。一荻以坚韧的毅力配合医生熬过了最困难的预产期，11月底，张学良从南京回来的时候，出乎意料的，一荻竟然都可以下床行走了。

12月初，天津奇寒逼人。当张学良奉命前往北平任副总司令行营主任的时候，赵一荻腹中的胎儿终于在协和医院降生了！

母子平安。这是一件多么令人庆幸的奇迹啊！

产后的一荻很虚弱，但是看着刚刚生出来的白白胖胖的儿子，又非常开心，初为人母，看着自己诞下的小生命时，那一刻的欣喜是无法用语言形容的。她觉得一切都值得了，这个孩子，张学良的孩子，不枉费她冒着生命危险生下他。

张学良去南京是带着于凤至一起去的，他们从南京返回天津后，张学良几乎每天都到协和医院来探望她。昨天又来看那又白又胖的小男孩。他一连几天都在翻阅字典，希望为他们的第一儿子取个名号。直到今晨，张学良仍在惦记着这件事情，他刚刚打来电话，告之她就取闾琳二字为爱子的名字。

张闾琳，张学良与赵一荻唯一的孩子。此刻的一荻抱着他，只觉得幸福万分。

但是喜悦的日子没过多久，一荻又焦虑起来，因为她突然发现一个问题，自己在张学良身边，不计名分，那她的孩子呢？她并不后悔无名无分地陪伴张学良左右，但是她不能让自己的孩子也没有法律意义上的父亲啊，这样她的孩子不是相当于私生子吗？她作为张学良的秘书，难道要抱着孩子去那些公开场合，让自己的孩子任人非议？

大姐赵绮雪和姐夫冯武越来探望一荻时，一荻和他们说出来心中的忧虑。绮雪认为闾琳既然不能交到大帅府抚养，那就留在天津，他们可以请人照料他，至于父亲赵庆华，他在隐居，此事只要不告诉他也就不会再生出麻烦的。冯武越也同意这样，其实在这种情况下，大姐的想法也许是最好的了。

但是一荻哪里肯依，她冒着生命危险也要生下这个孩子，可见她有多爱闾琳，怎么会把他留在天津呢。毕竟，这是张家的骨血，不管有多困难，她都会让闾琳留在大帅府，而且可以正常地成长。这谈何容易，但是绮雪见一荻如此坚持，也只得由她。

赵绮雪和冯武越离开后，一荻一直在想闾琳的问题，本来就失血过多的她此时更虚弱了。

　　但一荻是个善良真诚的姑娘，善良的人总会受到祝福，就像她的怪病奇迹般的好了，产下闾琳母子平安一样，这次，她同样不会走到绝路。

　　一位意外来客的光临，让所有的事情有了逆转。

# 娥皇女英惺相惜

爱情是什么，它可以是不顾一切的赤诚，可以是举案齐眉的甜蜜，可以是同生共死的不离不弃。

然而，现实生活中，爱情，我们提到这个话题时，身边的人往往会戏谑地回答，爱情，爱情是什么？可以吃吗？然后哄笑一堂。

当爱情已经成为传说和寓言故事，不妨回头看看，你会明白，爱情是什么，是两颗心，它就是两颗心。两颗心的碰撞，两颗心的守护，两颗心的追随。

回头看看，回头看看，那些至情至性的人，那些古香古色的情韵，那些令人侧目的故事。

我喜欢张学良与赵四的爱情，我喜欢他们烽火硝烟中的生死相依，我喜欢铁骨英雄的款款深情，我喜欢温柔女子逐爱的决绝毅然。

在医院陷入忧虑的一荻心情非常糟糕，天天来看望她的张学良在爱子出生的巨大喜悦面前并未注意到一荻的忧虑，一荻自然更不会对张学良讲这个问题，她说过，不求名分，张学良最开始也说过，他们的结合"将没有夫人名义，对外国人称她为自己的秘书；对中国人称之为侍从小姐。"一荻并不介意名分，但是现在她只是想有一个办法让自己的孩子可以留在大帅府正常地成长。

母亲刘氏来看望她时，知道她的心思，就提出让一荻将闾琳交给张学良的夫人于凤至代养。在大户人家，这种事的确非常常见，也不失为一个好方法，但是一荻犹豫了，于凤至，她会接受吗？

这一天，在一荻仍然为闾琳担心的时候，一位意外来客的到来，将她从危难中解救了出来，而这位意外来客，竟然就是一直是她心中畏惧并愧疚的大帅夫人，于凤至。

推开门的那一刻，于凤至犹豫过，病房里面是她一直想否认的存在，一位她颇为忌惮的女子，一位与她的丈夫情深似海的女子，这样的女子，真的要接受她并且帮助她吗？犹豫片刻，于凤至还是坚定地推开了门，一副憔悴的病容映入她的眼帘，她瞬间感觉心软了，毕竟都是女人，她怎么可以做到无动于衷？而一荻，她错愕地抬起头，于凤至站在她面前，美丽端庄，她是帮自己的，还是来给自己非难的？闾琳的出生会让她觉得难堪吗？

一荻慌乱地整理自己乱糟糟的发髻，于凤至抖落衣服上的雪花，在一荻面前露出美丽高贵的面庞。她看出一荻的不安，竟然露出温和的笑意，亲切大方，没有客套的寒暄，反而是像家人一样柔声安慰她。于凤至的心情当然也不平静，但是很明显，在一荻面前，她是非常有好感的，对于这位她一直无法接受的小妹，在那么多事情过去之后，她在心里早已不对她设防了，只是一直无法正面面对她。

面对于凤至此时的柔声寒暄和出自内心的关怀，一荻被深深地感动了。此时，她看到跟随在于凤至身后的女佣们往病房里一篮一篮地提礼物，里面装满了鸡蛋、小米、红枣和红糖。皆为东北人的下奶之物。一位女佣随后又抱进一只大包袱来，在床上打开一看，里面原是一件件做工精细的小袄、小裤和绣着白兔图案的婴儿小棉帽。就连那些乳婴必备的尿布，于凤至也为她准备齐全了。一荻瞬间流出了眼泪，她没想到于凤至这么为她着想，也被于凤至的人格魅力深深折服了，她明白为什么于凤至在帅府有如此巨大的威望，因为她的品行确实让人敬佩。

于凤至看到一荻泪光闪闪，也不由得轻轻哀叹起来，于凤至诚恳地提议，她让一荻休养好身体回沈阳之后，把闾琳交由她抚养。一荻此时已经说不出话了，只是泪眼蒙眬地看着于凤至，在她为闾琳担心的这些天，于凤至的到来和帮助，对于她来说，简直就是极大的恩惠，她终于可以带着她和张学良的孩子回到沈阳，也可以让孩子正常地长大不用受人非议了。

其实，于凤至性情刚毅，能做到这一步说明她对赵一荻的接受程度已经非常深了，如果赵一荻仅仅是私奔到沈阳，为张学良养育孩子，于凤至绝对不会这么快接受她，就像谷瑞玉，这么多年于凤至都从不主动去见她一面，更别提接受她了。在于凤至接受赵一荻之前，这个聪慧勇敢、为爱而生的女子已经深深地打动了她。

此后，赵一荻回沈阳后就搬到帅府，以她的平易近人和善良聪慧逐渐赢得帅府上下的喜爱，她作为张学良的秘书，帮助他处理外部烦冗的事务，而于凤至打理大帅府内的一切事宜，两人配合得天衣无缝，成为张学良的左膀右臂。

赵一荻在政治上的聪慧，在此前的"杨常事件"就充分地显示了出来，而于凤至对她的好感也是从那个时候渐渐产生的。"杨常事件"在历史上是轰动一时的血案，当然，这件事对张学良来说，益大于弊，在这件事上，赵一荻也起了很大作用。

1929年1月10日，张学良于大青楼内的老虎厅，将其父时期的两位重臣——杨宇霆和常荫槐当场击毙。一向稳重的少帅突然做出此等残暴的事情，必然是有他的原因，所谓"冰冻三尺，非一日之寒"，"杨常事件"有它的必然性，他们与张学良的矛盾由来已久。

在张作霖时期，杨宇霆身兼数要职，位居首辅。"由于其所处地位之特殊，也养成了专横跋扈、盛气凌人的作风，平时除老帅以外，什么人都不放在眼里"。尤其在奉系是战是和的问题上，深受郭松龄影响的张学良主张息兵止战，而杨宇霆却是奉军内有名的主战派。这边杨极力给张作霖吹内战的耳边风，那边张学良斗胆苦谏息兵止战，两人自然产生矛盾。

皇姑屯事件后张学良执掌东北军政，"杨不仅不稍敛抑"，而且"专横更甚"。对张学良俨然"以父执自居""凡事都自作主张，事先不请示，事后也不报告，张提出不同意见，也不予理睬"。在杨宇霆的"口头笔下，从未奉张以尊称，仍如往常呼之为汉卿"。在不得以称官称时，也当众用小字眼呼之："司令官儿"。对张学良常用"小夥过来，我语汝"，甚至"在稠人座之中，予张以难堪"。张学良对杨宇霆是"既不能令，又不能受命"。张杨两人的关系，在东北易帜前后，处于相当不正常的状态。

张学良主政之初已深染毒瘾，精神、身体皆欠佳，更使杨宇霆对他轻视。在一次讨论裁减兵员的会上，张学良因身体原因临时离开，会议由杨宇霆主持，当张回来询问会议进展情况时，杨宇霆则极不礼貌地阻挡说："你不知，你不要管"。在大庭广众之下目无长官，置张学良于尴尬境地。

说起这一点，少帅染上毒瘾是在第二次直奉战争，他开始吸食大麻，据记载，与杨宇霆也脱不了干系。此前，少帅在天津为赵一荻戒毒，可惜没有成功，而后来在皇姑屯风云中，他感觉压力太大，又不知不觉依靠毒品麻醉身心，以致毒瘾愈来愈深。少帅自然也知身陷毒瘾的不光彩，他曾说："一个活人不能叫一个死东西管着。"但是后来他病急乱投医，听杨宇霆说有一种日本进口的注射药名叫巴文耐鲁，对戒除鸦片有特效，便叫私人医生马扬武为其注射。岂料这种日本进口的药物虽去瘾止痛，但里面含有海洛因，注射日久有依赖性，结果一段时间之后，张学良虽然放下了烟枪，却再也离不开吗啡针。且针瘾愈演愈烈，一天之内需要注射多次，即使在接见宾客举行宴会的时候，每隔一段时间也必须离席入内注射，愈发搞得身体孱弱不堪不说，还伤神误事，常常引人误解。

　　而在张学良酝酿东北易帜过程中，杨、常二人百般抵触，后虽迫于大势所趋勉强接受，其内心的抵触与不满在按捺不住时暴露无遗。在易帜典礼当天，杨宇霆拒不参加集体留影，一甩袖子扬长而去，在场的记者抢拍了这个镜头，有的还将它摄入新闻纪录影片中，此举使张学良深感难堪。

　　杨宇霆的心腹常荫槐也是以重臣元老自居，藐视张学良，自以为了不起。他常在私下里流露对少帅的不满，动不动就是："小六子少不更事，懂得什么！"他把主管的铁路当作自己的私有财产，对于张学良的命令，他是有选择地听，或者说，对他有利的他就听，对他不利的他就抗拒，还振振有词地说："这是我的事情，这些车辆归我管，他（指张学良）管不了我。"

　　更有甚者，常荫槐曾请去南京开会的中东铁路督办吕荣寰给蒋介石捎去一封信，吕荣寰将这封信拆开看了，发现常荫槐竟然在信中狂妄地写道："东北之事不必找张，他每天打毒针，跳舞，不务政事，有事找杨督办或是我即可"。吕看后将这封信交给了张学良。这种动摇主帅地位的言行，当然令张气愤不已。

　　杨宇霆和常荫槐对东三省最高军政长官竟如此轻视，甚至是专横跋扈，在任何时候都是令人不能容忍的。尤其是在被杀的前几天，杨不顾他人劝阻，在小河沿杨府接待八方官僚政客，为其父大摆寿宴，大有"今日天下舍我其谁"的局面。张、杨之间已呈剑拔弩张之势。

　　此外，日本方面的离间之计也使得张学良对杨常二人愈加猜疑。居高恃傲、飞扬跋扈、无视长官，再加上日本人的挑拨使张学良起了除掉杨常二人之心，但真正的导火索却是杨常二人要成立东北铁路督办公署、强逼张学良签字批准一事。1929年1月10日下午，杨、常二人来到帅府见张学良，趾高气扬地要求张学良在拟好的签呈上批准成立东北铁路督办公署，想将中苏共管的中东铁路管辖权收回，并要求由常荫槐出任督办。张学良认为政局未稳，不可轻举妄动，且此事涉及外交问题，须请示南京国民政府再做定夺。很明显，对于杨、常的这个提议，张学良是不赞成的，所说慎重考虑等，不过是推托之词，杨、常若稍有自知之明，应该就此止步了。可是他们竟坚持己见，继续纠缠，甚至掏出事先就已写好的便条，硬要张学良当场拍板，即行签字。张学良被逼无奈，心中冒火，几次想拒绝，可又觉得多有不便，看看天色向晚，才说晚饭时间已到，容饭后再作决定，并留二人在帅府用饭。杨、常踌躇满志，认为只要他们开了口，这点面子少帅还是会给的，没想到他先是面有难色，现在又推到晚上，看来事情并不那么简单，说不定还得跟这个后辈小子较量一番他才肯就范。于是决定先回家吃饭，晚上再来。

杨、常二人的逼迫，终使张学良下定了枪杀他二人的决心。杨、常二人毕竟是重臣，张学良在是否处决他们的问题上还是有些犹豫，甚至求助于夫人于凤至。也许是受张作霖的影响，张学良身上也有一些迷信色彩，杨、常二人走后，他决定在父亲灵前占卜算卦决定。于凤至燃好香炉之后，张学良携赵一荻前来，这一点于凤至并未反对，赵一荻作为张学良的秘书，在政务上比自己要精明许多，她见少帅处处被杨、常二人压制，对处决二人也是非常支持。

张学良手执一块银圆开始卜算。他们约定，连抛三次，若是三次银圆的袁大头都朝下，就杀杨、常；如果朝上，便不宜杀戮。卜卦时，于凤至站在方桌旁极为紧张。张学良抛了一次，朝下；第二次，依然朝下；待抛第三次时，银圆当啷一声，落到了桌子底下，于凤至眼望去，心头倏然一惊，原是大头朝上落在了地板上。这时，只见站在桌子对面的赵一荻弯下腰，去捡拾银圆，于凤至望着她心里怦怦直跳。赵一荻看了于凤至一眼，待到放到桌面上时，仍是大头朝下。张学良见此结果，回转身朝大帅灵堂深鞠一躬："这乃是天意！"他立即召集王以哲、刘多荃、高纪毅、谭海等人进行严密部署。也就是在这天晚上，当杨、常再次来到老虎厅后不久，谭海、高纪毅即率六名士兵夺门而入，宣布"奉长官命令，将你二人处死，立即执行"。伴随着沉闷的枪声，耸人听闻的"杨常事件"发生了。二人当夜陈尸老虎厅，第二天张学良才命人用地毯将二人尸体包裹抬出，送风雨坛装棺收殓。

处决了两位重臣，有情有义的少帅心里竟然甚是痛苦，为此，"悲伤得长吁短叹"。杨、常二人发丧之日，在古典文学和古诗词方面造诣颇深的张学良，还为杨宇霆和常荫槐分别写了挽联：

《张学良挽杨宇霆联》写的是：

诩同西蜀偏安，总为幼常挥痛泪！
凄绝东山零雨，终怜管叔误流言！

《张学良挽常荫槐联》则是：

天地鉴余心，同为流言悲蔡叔！
江山还汉室，敢因家事罪淮阴！

此外，张学良基于罪不及妻孥的原则，立即派人到杨、常两人家"去慰杨大嫂、常大嫂"，并"各送慰问费一万元"，供丧葬用。

"杨常事件"的发生，张学良在东北的地位得到了巩固和加强，树立了威信，从此事无掣肘，统一了东北的军令、政令。同时，"杨常事件"的发生，也让世人看到了一位年轻、果敢但是又充满人道主义的少帅形象，赢得了世人的刮目相看。而这件事，也让凤至看出赵一荻不仅忠心耿耿，全力辅佐张学良，而且柔中有刚，具有运筹帷幄之才。她觉得张学良年少气盛，身边的确需要这么一个既精明又体己的人物。在日常生活上，于凤至通过细致观察，也认定赵四投奔张学良的确是倾心之爱，人家身为大家闺秀，处在这种不明不白的情妇地位，既无怨言，又能宽容忍让。赵四的这种脾气秉性，逐渐地赢得了于凤至的敬重和喜爱。她觉得，赵四的很多才干是自己所不能取代的，如果自己能和赵四配合起来，一内一外，自己管帅府内务，让她帮助汉卿协理政务，二人一心，鼎力相助，这不仅可以使张学良免去内顾之忧，更会帮助他的事业龙腾虎跃。这也是后来她在天津去看望产后的一荻，并且表示愿意抚养她的孩子闾琳的原因。

一荻自被赵家除名，从此身世漂泊，但是她以自己的善良和聪慧，终于在所爱之人的身边赢得立足之地，与少帅这个军界英雄冲破一切阻力，终于顺利地在一起生活，同甘共苦。即使再多磨难与考验，依然不离不弃。

# 分道扬镳姻缘尽

人生如此，浮世如斯，缘生缘死，谁知，谁知?

这是一首很喜欢的词，曲调苍凉至极，是音乐人黄露创作的，写的是爱情，却又不只是爱情。爱情，无论是现在，还是遥远的曾经，都是一样的凄凉，而又美得蚀骨。

所以无论是在爱情道路上，或是人生道路上，全身不顾地扑向未知的人，都是勇者，然而令人惊异的是，女子的勇气，往往比男子来得炽烈得多，所以总是，为情所困，黯然神伤。

她们飘零在历史的角落里，她们永远只能在角落里，幸运的，便像赵一荻，赢了一生一世，不幸的，便像谷瑞玉，输得肝胆俱碎。

和赵一荻相比，谷瑞玉，这个号称是张学良随军夫人的女子，就显得默默无闻了，而她的结局，可以想象，绝对也是不如意的，但这并表示她的感情不如一荻那般炽烈。

1930 年隆冬，天津卫下起了入冬以来的第一场大雪，天气非常寒冷，北风呼啸，雪花漫天，天地是寒冷而灰暗的，像极了此时一位女子的心，而这位女子，就是张学良的如夫人谷瑞玉。此刻，她正端坐在赤峰道 32 号路 52 号门牌下那幢白色的花园洋楼二楼的窗前，目光空灵，她是一位美丽的女子，即使寒风摧残，大雪弥漫，也是一如既往的美丽。

这样的寒冬，啊，真是美丽极了，就像，她的目光流转，那个冬季，很多年前的那个冬季，也是一样的严寒，她徒步千里，跑到深山密林去寻找她所爱的人，不畏一切。

是什么变了呢？到底，是什么变了呢？谷瑞玉望着远处朝着这间小洋楼驶来的汽车，等待着她逃脱不了的命运。是什么变了呢？

天津的夜更繁华了，海河上的船只更多了，她请的角儿更有名了，可是她变了，汉卿也变了，这么多年过去了，她不再是当年那个质朴贞烈的戏子，他也不再是那个意气风发的少年了。

她随他，南征北战，她陪他，同甘共苦。

他给她，锦衣玉食，他为她，忤逆发妻。

可是，即使如此，他们还是缘尽了。即使如此拼命，她还是留不住他的心。

他要她温存识大体，坚韧无怨言，却没有精力宠她，爱她，陪她嬉闹，给她温情。

到底，是谁欠了谁，又是谁更爱谁？

汽车渐渐逼近了小洋楼，谷瑞玉强作镇定，但是很明显，她微微颤抖的身躯出卖了她，她在害怕。是的，在这一刻，她害怕了，她后悔了。她感觉自己像溺水的人，无论如何也无法爬出绝望的深渊，可是这一刻，绝望铺天盖地地像潮水般涌来，她感到如此无力。如果再给她一次机会，他喜欢的角色，她扮给他看，他喜欢的戏文，她唱给他听。不会再忤逆他的意思了，这世间繁华她不要，安宁的生活她不要，就算娇弱的身躯，只能在战场上，在枪林弹雨中，才能让他爱怜，她也愿意。不要再挣扎了，她不要再作出任何挣扎了，就像曾经，就像曾经一样，南征北战，徒步千里，又如何，可以陪在他身边，陪着他，就够了，够了。

一滴清泪沿着美丽的面庞上流下，一声汽笛在小洋楼院子里响起。

车里走下一袭戎装的男人，岁月流转，他的脸上，也平添了几丝皱纹，显得更加成熟稳重。他的身后，跟着副官谭海等人，而台阶上也迎候着几位披着军呢大衣的军官，为首者正是张学良的旧部于学忠将军。众人迎上来，意欲劝少帅，但是刚开口就被张学良打断了，他今天要做的事，是他深思熟虑的结果，绝对不是一时冲动，他要跟谷瑞玉离婚，这件事没有任何挽回的余地。

众人都面面相觑，他们是军人，不懂感情之事，但是他们知道，张学良很珍视这位随军千里的谷夫人，可是不知道现在发生了什么事，让张学良专程到天津和谷瑞玉办理一个有亲友旧部出席的离婚仪式。张学良也不解释，只是态度无比坚决，他走进小洋楼，踏上红毯，为什么是红色的地毯呢，在这一刻，红色的地毯，呵，红色的地毯，多么讽刺。房间里的亲友旧部见到张学良，也都围了上来，虽然各人有各人的心思，但是规劝他的也是占了大多数。是啊，古人说，宁拆十座庙，不破一门婚，他们无奈出席这样的场合，也只得好言相劝，当然，他们的话，对于张学良，没有丝毫影响力。

张学良打断了众人的劝告，向楼上走去，这时，一荻迎了上来，产后的一荻体态比以前丰腴，相比少女的清纯，更显出一种女人的妩媚。一荻好言相劝，因为她知道，此时的张学良正在气头上，她希望他再好好考虑，毕竟谷瑞玉与他相伴的这八年，给了他那么大的帮助。也许谷瑞玉离开张学良了，她的地位就能提升，但是她不想这样，本来就不求名分，何苦去争风吃醋。

一荻的话，张学良不管怎样，也会认真听的，但是，他的态度却依然坚决，他知一荻处处为他着想，也知谷瑞玉依旧对他一往情深，但是，他已经无法再容忍谷瑞玉了，生活上腐化堕落，更曾与自己的政敌杨宇霆夫妇相交甚密。他张学良是重情重义之人，谷瑞玉对他有恩，他也曾深深迷恋这个美丽温存的姑娘，但是她已经变了，继续留下她，无疑会对自己的前程有影响。

那么爱呢？这么多年，他们之间的难道仅仅是恩情，而不是爱情？

腐化堕落，她腐化堕落吗？啊，是啊，她作为随军夫人，却不愿意陪着张学良赴战场，反而独居津门，她学会了跳舞、下酒吧、和戏，与人打麻将至深夜不散，以张学良如夫人的身份出入上流社会各种社交场合，还经常到北京一连数日听戏不归，有时借着张学良的名义请梅兰芳等京华名伶，到她借住的朋友私寓里唱堂会，因此影响了那些著名演员的票房收入。她的丈夫，三省长官张学良，他自然异常恼火，可是她不管，继续我行我素。

一个女人，若是任性起来，整个世界都不能动摇她。

明知自己的做法会惹怒张学良，谷瑞玉依然不管不顾。这段感情，她从来是臣服的那一方，张学良是高高在上的英雄，可以命令她，可以遗弃她，她呢，只能顺从，不能拂逆。她是何其贞烈勇敢的女子，却是再也无法忍受这暗无天日的日子，他们之间的相遇相知相爱相守，此时，是彼此心中的一把刀。

1920 年 9 月，秋风乍起，刚从东三省讲武堂毕业的张学良，奉父命统军前往吉林和黑龙江剿匪，在遥远的边境，迎来上天注定的缘分，有多幸运，也会有多痛苦。

到达吉林省会宽城（今长春市）的当天下午，吉林督军公署的上校秘书冯立德就在宴席中带来了几位唱曲的姑娘，然而青春年少、初次统兵的张学良对自己要求严格，自然是拒绝了他的好意。但是当天晚上，为他举行接风宴会的吉林税捐局局长鲍玉书却来拜访他，鲍玉书与张家有亲戚关系，他的好意张学良自然不会拒绝。于是，这天夜晚，他见到了一位女客，就是白天唱曲的姑娘中的一位，也就是谷瑞玉。

谷瑞玉虽然是戏子，但是她洁身自好，性情温婉贞烈，张学良对戏曲非常感兴趣，这一夜，他们秉烛夜谈，但是顾忌到谷瑞玉的戏子身份，张学良的态度始终非常冷淡，他身上不可侵犯的那种凛然之气让谷瑞玉愤愤不平，却又无可救药地迷恋上他的英雄气概。

谷瑞玉乃出身经商世家，但到她出生时已呈没落之势，少年进入梨园学戏，成天津菊坛名伶，后流落关东，投靠二姐谷瑞馨，而二姐夫，正是鲍玉书，所以才得以结识张学良。谷瑞玉虽是戏子，但是温柔大方，有情有义，心性纯洁，和少帅虽仅一面之缘，她的心里便深深地喜欢上这位少年英雄了。正所谓情不知所起，一往而深，奈何落花有意，流水无情，更何况此时的张学良已有妻室，又洁身自好，绝对不会对其他的姑娘有非分之想。

　　和张学良分别之后，谷瑞玉竟相思成疾，姐姐谷瑞馨和姐夫鲍玉书知道她的心思后，极力想促成她与张学良的姻缘，但是由于张学良去佳木斯剿匪，军务繁忙，谷瑞玉始终没有机会再与他相见。为等候张学良，谷瑞玉去了哈尔滨，而此时，张学良早已经成功剿灭了盘踞在佳木斯的惯匪老占东，现与郭松龄统军在黑龙江北部虎林、密山一带剿匪。

　　由于密山一带的胡匪啸聚山林，非常凶悍，张学良无法在短时间内剿灭他们，所以等候在哈尔滨的谷瑞玉也只能遥遥无期地等候下去了。心灰意冷的她准备放弃了，因为吉林还有她喜欢的事业，继续待在哈尔滨，她在戏楼里这么多年的信用也将毁于一旦。

　　11月底，谷瑞玉正准备返回吉林时，终于得到了远在林海雪原的张学良的消息，却不是剿匪成功，而是受了枪伤。谷瑞玉大惊失色，得知哈尔滨的留守总部要派医生前往密山为张学良治疗后，她作了一个出人意料的决定，她要去密山看望张学良。

　　一个女子，在冰天雪地里徒步千里，只是为了去看一眼一个仅有一面之缘的人。这是不可思议的，然而，又有什么办法呢，她爱上了那个人，只是因为，她爱上了那个人。

　　当受伤的张学良在一群医生之中看见那张熟悉而清秀的面孔时，他惊诧得说不出话来，他万万没想到，谷瑞玉竟然对自己这样情真意切，此后，谷瑞玉就一直留在张学良身边，他们在遥远的雪乡散步，畅谈未来，感情渐渐升温，张学良被这位坚贞美丽的女子所打动，也深深地喜欢上了她。

然而，相爱容易，想名正言顺地相爱却很难，当张学良与谷瑞玉感情渐浓时，张学良却从来没有提过带她回大帅府。和后来的花花公子形象不同，在认识谷瑞玉之前，张学良从来不在外面拈花惹草，妻子于凤至温柔贤良，他更没有理由再娶一个外室了。谷瑞玉虽然不免失落，但是也并无怨言，她只是想好好陪着张学良，再苦再累也不怕。就这样，谷瑞玉一直陪在张学良身边，从密山到回哈尔滨。但是谷瑞馨并不希望妹妹名不正言不顺地跟着一个军人，她从一开始就想促成妹妹的姻缘。在谷瑞馨和鲍玉书的努力下，张家人知道了谷瑞玉的存在。

张学良是一个有情有义的人，事情发展到这样的地步，他不能抛弃谷瑞玉，自然就是要将谷瑞玉带回家了。但是张作霖怎么会允许一个戏子登堂入室，于凤至也不能接受一个外室的存在。但是张学良态度坚决，更何况张作霖曾经在张学良与于凤至结婚的时候允诺过他以后可以纳妾。

谷瑞玉本以为自己可以顺利进入大帅府了，但是，张作霖居然要她同意约法三章，一不准登台唱戏，二不准抛头露面，三不准参与政治，这相当于要她作为一个隐形人存在，更让她不能接受的是，于凤至不许她进入大帅府，她虽然成了张学良的如夫人，居然还要寄人篱下地独自在帅府外面居住。

思虑再三之后，谷瑞玉最终同意了，因为她没有办法离开张学良。于是，她就变成了所谓的随军夫人，试问，一个女子，怎么会愿意天天奔波疲累于战场之上，只不过，烽火硝烟，抵不过她对张学良的一颗爱慕的心。

1925 年 5 月，张学良奉命率东北军第三方面军前往长江下游开辟新的势力，谷瑞玉毅然相随，她说："只要有你的地方就有我，就是天涯海角也随你去。"同年，张学良视若自己的良师益友的郭松龄倒戈反奉，张学良寝不能安，食不知味，为了解除苦闷，谷瑞玉支持张学良吸食鸦片，因而谷瑞玉遭到张氏家族内部的非议。1926年冬季，谷瑞玉随少帅前往河南。初到河南的谷瑞玉经过数日的车马劳顿，加之因张学良戒毒一事遭受许多人的非议，心中存有积火，到河南不久即得了重病。张学良劝其回到天津医病，可是谷瑞玉担心少帅在临战时身边无人照料，毅然坚持留下。她在河南一边治病一边照料张学良的起居，直到战争结束为止。为了表彰谷瑞玉随军时所做的贡献，张学良在天津法租界为谷瑞玉买了一幢豪华的新宅。为了让谷瑞玉进京听戏方便，他在北京也为谷瑞玉购置房产和衣物。

天涯海角，烽火硝烟，身份低微，约法三章，那么多的事情压抑着她，她无怨无悔。可是，有一件事让她无法忍受，那就是张作霖逝世后，张学良依然要她遵守约法三章，依然不许自己进入大帅府，难道他不知道自己空有如夫人之位，但是受到的待遇何其不公吗？或者让自己当一个隐形人本来就是张学良的意思，只是为了不给他添麻烦？

张学良无法向她做出解释，他永远高高在上，不需要也没有义务为她做出任何解释。即使一颗爱他的心变得伤痕累累。

谷瑞玉开始变得任性骄纵，频繁拂逆张学良的意思，并且再也不随他上战场了，她独居津门，用别人的话，是追求享乐，过着逍遥自得的生活，谁也不知道她的心在滴血，她只是在激怒张学良，在逼他给自己一个答复。可正是这两年，张学良认识并且爱上了比自己年轻貌美，比自己温柔识大体的赵一荻。他再也给不了谷瑞玉一个答复了。

爱情趋于平淡，信任就变得如履薄冰，最终激怒张学良的是谷瑞玉与杨宇霆的交好。"杨常事件"之前，杨宇霆就千方百计地收买谷瑞玉，让姨太太与谷瑞玉打麻将、拉关系，最后达到与谷瑞玉互换兰谱拜姐妹的目的。谷瑞玉对政事并不是十分清楚，而且和张学良分局居甚久，怎么会知道杨宇霆的狼子野心。是年12月杨宇霆假借乃父祝寿为名，请谷瑞玉与少帅一道去杨宅赴宴。张学良随谷瑞玉前往后，险遭一群日本浪人的暗算。幸亏于凤至慧眼机敏，识破杨宇霆的图谋，及时赶来救驾。

此事发生后，张学良对谷瑞玉的误解更深，遂成反目之势。谷瑞玉不知道的是，张学良对她的在意是超出她想象的，不然不会一次又一次地容忍她，也正是因为在意，所以不能容忍她的背叛。

"杨常事件"已经过去了将近两年了，这么久了，谷瑞玉一直没有回过沈阳，张学良也没有来看过她。没想到分开这么久他来看她，竟是要和她解除婚姻关系。

也罢，也罢，强求作甚？他的心里已经没有她了，那么她的忏悔，她的柔肠百转，对于他都是多余的。

离婚文件上，张学良也写了一个类似约法三章一样的东西，真是讽刺，和当年的老帅如出一辙。张学良写着：一、离异后，谷瑞玉不得利用张学良名义；二、不得为娼；三、任凭改嫁。

他竟然对她误解至此，一段爱情，由最开始的轰轰烈烈，到现在的狼狈不堪，他们竟成了彼此再也不能言说的伤。

张学良在天津的英租界为谷瑞玉购买小楼房一幢，又给她 10 万元作为生活之资。此后，谷瑞玉始终独自生活，孤独终老。

一生一世，真是一个遥远的梦。可是就算情人变仇人，谷瑞玉已经把自己所有的爱给了那个北国的少年英雄。女人，一辈子爱一次，用生命去爱一次，就算没有好结局，足矣。

多年后，不会有多少人记得她，不会有人记得一位女子，随军千里，爱得轰轰烈烈，她的勇气让男子都汗颜。

但是，她依然是感恩的，相守十年，她的一辈子值得了。

有情人不得善终，却也使看客一阵唏嘘。

# 风雨飘摇九一八

我的家在东北松花江上，那里有森林煤矿，还有那满山遍野的大豆高粱。

我的家在东北松花江上，那里有我的同胞，还有那衰老的爹娘。

"九·一八"，"九·一八"！从那个悲惨的时候。

"九·一八"，"九·一八"！从那个悲惨的时候。

脱离了我的家乡，抛弃那无尽的宝藏。

流浪！流浪！整日价在关内，流浪！

哪年哪月，才能够回到我那可爱的故乡？

哪年哪月，才能够收回我那无尽的宝藏？

爹娘啊，爹娘啊！什么时候才能欢聚在一堂？

一首歌的美，在于旋律，而震撼，在于它所承载的内涵。这首《松花江上》，可谓是一首久盛不衰的老歌，原因在于它承载了一段屈辱的回忆，中国人的回忆，中国人耻辱。

九·一八事变，又称沈阳事变、奉天事变、盛京事变、满洲事变、柳条湖事变等，是指 1931 年 9 月 18 日在中国东北爆发的一次军事冲突和政治事件。冲突双方是中国东北军和日本关东军，日本军队以中国军队炸毁日本修筑的南满铁路为借口而占领沈阳。事变爆发后，日本与中国之间矛盾激化，而日本军部主战派地位上升，国会和内阁总理大臣权力下降，导致日本全面侵华。几年时间内，东北三省全部被日本关东军占领。9 月 18 日被中华民国政府视为国耻日。

辽阔的东北大地，怎么会轻易被日本军占领呢，"九·一八"又为什么会成为中国人永远无法忘掉的国耻呢？

当时，日本关东军不到两万人，中国东北军驻在东北的有 16.5 万人，在关内还有近 10 万人。东北军部队多次接受张学良不准抵抗的训令，在日军突然袭击面前，除小部分自发英勇抵抗外，其余均不战而退。9 月 19 日上午 8 时，日军几乎未受到抵抗便将沈阳全城占领。东北军撤向锦州。此后，东北各地的中国军队继续执行张学良的不抵抗主义，使日军得以迅速占领辽宁、吉林、黑龙江三省。

不抵抗主义，这才是国人过了将近一个世纪还无法释怀的原因。

中国古代素来有虽败犹荣的思想，很多被奉为民族英雄的历史人物，并非是重大战役中胜利的一方，而是展现正义和勇气的一方，人们对于勇士是尊敬的，即使战败也是铁血铮铮的好汉，也是顶天立地的大英雄。但是，避而不战却是懦夫的行为，是绝对不能容忍的。这种思想很容易理解，所以我们也可以很容易的猜测到，"九·一八"对张学良的影响有多大。

作为东三省最高长官，张学良在"九·一八"事变中采取的不抵抗主义可以说是日军占领东北的主要原因之一。也因此，之前的英明远播的少帅变成了臭名远扬的"不抵抗将军"。

历史的真相永远扑朔迷离，张学良，他在早年表现出极强的爱国情怀，实际上，他的爱国情怀贯穿他的一生，他的政治才能也是出类拔萃的，这使他在东北军中的声望非常之高，当"不抵抗将军"的骂名铺天盖地时，人们对他失望了，一个少年英雄，无法保卫自己的家园并不是过错，错误的是，他连这样的勇气都没有。

　　"九·一八"事变对张学良的影响几乎和后来的"西安事变"一样大，而后世对他两极的评价，也是因为这两件事。从"九·一八"后被骂为卖国贼，到今天被敬称伟大的爱国者，尊卑荣辱世态炎凉，岂容今人辨析。是罪人还是功臣，留待沉淀的历史去甄别。

　　在今天，张学良被当作民族英雄的时代，关于"九·一八"他的不抵抗主义，一个很容易深入人心的说法是，张学良奉行蒋介石的命令实行不抵抗主义。这种观点远播，影响波及海外。有的著作批评对"九·一八"事变的处置，国民党政府在事变前"严令张学良所部东北军不作任何抵抗"，事变发生时，蒋介石又令"东北军绝对不抵抗"。蒋介石当时作为一国领导者会做出如此荒唐的命令吗，张学良的东北军掌握军权，又会在家园受到侵犯时绝对服从蒋介石的命令吗？

　　1931年9月，沈阳到处弥漫着一股危险的暗流，城里有好多路障，9月15日军事演习已到了北大营边上，天天面临开门七件事的沈阳居民，习惯了城里城外的路障，关注点也不在这。而张学良此时比较心焦的是悬而未决的"中村事件"，关东军在沈阳频繁演习，他和沈阳的老百姓一样，已习以为常，并不在意。

　　中村事件，是此时沈阳与日本的一个重大矛盾，1931年6月，日本关东军中村震太郎大尉和曹井杉延太郎在兴安岭索伦一带做军事调查，被中国东北军兴安屯垦公署第三团团副董昆吾发现并扣留，在证据确凿情况下，团长关玉衡下令秘密处决中村震太郎。日本借机宣称东北军士兵因谋财害命而杀死中村，威逼中国交出关玉衡。

　　此前，还发生了"万宝山事件"，1931年，中国人郝永德，未经政府批准，骗取万宝山村附近12户农民的土地，并违法转租给188名朝鲜人耕种水稻。这些朝鲜人开掘水渠，截流筑坝。这一工程侵害了当地农户的利益，马家哨口200余农民上告。吉林省政府批示："令朝侨出境"。然而日本驻长春领事田代重德，派遣日本警察制止朝鲜人撤走，且限令于7月5日前完成筑渠。7月1日，中国农民400余人派联合起来平沟拆坝。7月2日，日本警察镇压平沟的中国农民，双方发生对峙，后日本增武装警察，在日本军警保护下，工程于7月5日完成。同时，朝鲜日报记者金利三说朝鲜人在万宝山被杀，掀起朝鲜半岛大规模的排华活动，当地华侨死伤数百人。日本却以此次事件诬陷中国伤害朝鲜侨民。

"万宝山事件"发生后，蒋介石当即指派宋子文与日本驻华公使重光葵秘密商议。随后，他又抽调具有对日工作经验的驻日内瓦国际联盟代表蒋作宾出任驻日公使，想要以外交途径来消弭东北的危机。只是在关东军一意孤行下，中日双方在南京、沈阳、东京等地所做的和平努力全部化为乌有。

日本军在民众中煽风点火，用"中村事件"和"万宝山事件"诬陷中国"损害日韩移民"。很显然，在东北一再闹事是有企图和有阴谋的，而日本人的其他行径，蒋介石和张学良都心知肚明，只是没想到他们如此大胆，竟然在短时间内发动如此大规模的侵略战争。

主政华北后，张学良基本住在北京，很少回沈阳。1931年5月，张学良赴南京参加国民会议时感染了伤寒，返回北京后，张学良的病情有所加重，经德国医生诊治，建议入院治疗。6月1日凌晨，发烧并陷入昏迷的张学良离开了在北京西城区白塔寺顺承王府的家住进协和医院。除于凤至、张学铭以及二三个心腹外，其他人都被禁止出入。9月17日，在北京协和医院已住院治疗三月有余的张学良气色已近正常，随着病情好转，开始慢慢处理公务。

18日，沈阳东北角的东北军驻地北大营除了门口哨兵几乎没有其他声音。按当时军规，负防守之责的北大营在9点准时熄灯。而"九·一八"三个直接策划人之一的日本将军花谷正却在回忆录中以极富情调的语言描写这一天晚上："一弯明月落进高粱地，天色顿时昏暗下来。疏星点点，长空欲坠，整个大地都在沉睡。他们没有人知道，过了这一刻，整个大地都将完全改变"。

此时，千里之外，北平前门中和剧院高朋满座，梅兰芳主演的《宇宙锋》已连演数场，当晚则是为辽宁南部救灾进行的义演。在被"九·一八"这场外侮惊醒之前，1931 年的中国笼罩在一场全国性的水灾当中。张学良作为梅兰芳的好友不仅亲自捧场，还邀请英国驻华武官蓝博森博士一起看戏。

浓烈的战争氛围中，谁都知道日本人要做些什么，可是谁都不知道他们什么时候做，也猜不到他们如此迅速如此猖獗。

18 日凌晨，日本人强攻沈阳北大营，此时的张学良依然在听戏。北平顺承郡王府中，赵一荻接到了这个紧急电报，跟随张学良几年，本就聪慧的她对政治的洞察力也是相当敏锐，她立刻乘车前往长安大戏院，通知张学良，一切还需要交由张学良处理。

飞驰而过的美国别克高级轿车穿透黑夜，穿过寂阒无人的长街。

张学良知道消息后十分震惊，他在电话中指示，遵照"鱼电"办理。所谓"鱼电"，即指 9 月 6 日张给荣臻等人的电令："对于日人，无论其如何寻事，我方务须万方容忍，不可与之反抗，致酿事端。"与此同时，地处沈阳商埠中心交通要道上的奉天俱乐部灯光摇曳，各国派驻奉天的代表尚未尽兴时，轰然一声巨响传来。巨响声中，日军按照熟稔于胸的路线，向沈阳各个目标挺进，其中以 500 人的兵力，进攻约有 6000 人的东北军北大营。

事变当天，荣臻在家中正忙于为其父祝寿，王以哲旅长和两名团长也均不在军中，客观上来说，中国方面从上到下表现出来的这种情形，是奉行"力避冲突"方针的必然结果。

结果就是，群龙无首的东北军官兵慌乱狼狈，死亡人数超过 400，日军仅死亡 2 人，伤 23 人。

到 19 日 9 时，沈阳城内的东北边防军公署、兵工厂、粮秣厂、航空处及各仓库、弹药库等均被占领。19 日午前 11 时 55 分，关东军司令官本庄繁抵达沈阳，在东洋拓殖公司设司令部。

沈阳一夜沦陷。

陷入一片骂声中的张学良，19日两次面对记者谈及"沈阳事变"。19日上午10时张学良对《大公报》记者说，"我方官民，悉不准备抵抗"；下午2时，对外报说："我已'严饬其绝对不抵抗，尽任日军占领'。"张学良这样讲，一是符合当天沈阳实际情形，二是讲给国际社会听，以争取国际社会的同情与支持。但同时也导致"不抵抗主义"的形成。原定9月20日出院的张学良，当晚在协和医院接待室再次会见了外国记者。与社会各界沸腾的抗日声浪相比，张学良和中央政府都显得出奇的克制和冷静。

大陆现在流传很广的说法是，张学良在"九·一八"事变发生之前就敏锐地意识到了日本人的野心，但是却受到蒋介石的命令，所以在"九·一八"之后奉行"不抵抗主义"。其实仔细分析，"九·一八"事发突然，张学良做出不抵抗的指示减少了伤亡，可能在当时极其明智，也是经过深思熟虑后的决定。而蒋介石，他只是对张学良的不抵抗持一种默许态度。

"不抵抗的命令是我下的，与中央和蒋公无关。"张学良后来回忆时也多次强调这个问题，那么他为什么会奉行不抵抗主义呢，如果说，"九·一八"事变当天的不抵抗是可以理解的，那么继续奉行不抵抗，将大片国土拱手让给日本人就是一个极大的错误甚至是犯罪。

老年张学良在回忆"九·一八"做出的决定时说："你要说到'九·一八'的问题呀，我们可以分出几成来说。一个说'九·一八'发生的原因。原因可以这么讲，日本完全是一种侵略的野心。他看起来好像软得不行了，所以他就……这是我想了。但是'九·一八'这事情，说来我是判断错误。我判断错误什么呢？就是我现在还承认我判断不错误，是日本的错误。怎么讲呢？我认为日本不敢。因为我这所谓判断是按照世界大势，按着利害的问题，这么想。我可以大胆这么说，认为日本人鲁莽。我认为日本像'九一八'这种发动，我认为日本人是挑衅。日本挑衅找借口啊，闹点小事啊，办交涉，占点便宜。向来是这样的。那我绝对没想到'九·一八'日本是真正来了，这样子来了。那么，这话我得分两层说。假如说我知道、我能确实判断日本是真的来了，那我的办法就不同了。所谓不抵抗，那我就要拼命了。明白了？但是我认为日本是挑衅，你挑衅我不给你借口，我躲避你。"所以，张学良在"九·一八"事件中，作为一个统帅做出如此错误的判断，确实是不可原谅的失误。

当然，张学良的不抵抗也有其他原因，比如过于迷信条约；保存东北军实力；思想深处有恐日情绪，但是他的判断错误却是主要原因。而说起不抵抗的原因，则是中东路事件。

1929 年 7 月蒋介石命令他武力接管中东路，并应允东北军一旦与苏军开战，中央政府即出兵 10 万予以支持。结果东北军 7000 人被俘，黑龙江舰队全军覆没，10 万援兵始终未见一兵一卒。这件事给张学良带来很大心理阴影，"有中央政府命令都是这个结局，如果不顾中央命令而进行抵抗，又会是何等情景。"正是出于这些原因，才导致后来的不抵抗主义。

事变当夜，张曾向高级将领分析："守土有责，本应和他们一拼，不过日军不仅一个联队，它全国的兵力可源源而来，绝非我一人及东北一隅之力所能应付。我们是主张抗战的，但须全国抗战，如能全国抗战，东北军在前线作战是义不容辞的。"张学良深知在当时那个年代自身实力和地位画等号。

张学良对日本很熟悉，这种熟悉有时带来的则是负面影响，在他思想的深层也有恐日的心理。他在口述历史中不止一次地谈到日本军队，认为日军很强，人家训练好，装备好。日俄战争的时候，日本工兵去破坏俄军的铁丝网，他们身上带着炸药，每个士兵躺到铁丝网上，这样把铁丝网炸开了，他们真有军人的精神。

　　沈阳沦陷后，张学良被骂得非常凄惨，其中有一首讽刺他的诗流传至今，这首诗就是马君武先生于 11 月 20 日发表于上海《时事新报》上的题为《哀沈阳》的两首"感时近作"，诗曰：赵四风流朱五狂。翩翩胡蝶最当行。温柔乡是英雄冢，哪管东师入沈阳。告急军书夜半来，开场弦管又相催。沈阳已陷休回顾，更抱阿娇舞几回。马先生是我国历史上难得的一位通才，但是这首诗写得未免有失公允。

　　"九·一八"，沈阳一夜沦陷，张学良，一夜由英勇将领变为不抵抗的懦弱将军。

　　政坛风云，也有人情冷暖。此后，他不再是东三省乃至华北的主人了，此后，迎接他的将会是更大的挑战。

# 步步惊心失东北

　　山河破碎风飘絮，战争的阴云笼罩在每一位东北人的心中，"九·一八"事变后，沈阳一夜失守，但是日军没有就此罢休，而张学良所领导的东北军，在日军的步步紧逼之下一退再退。

　　正是因为消极抵抗，东北才会一步步被蚕食，据历史资料显示，当时东北军共有陆军独立步兵 18 个旅，独立骑兵 5 旅，炮兵 4 团 1 营，工辎各一营，陆军总兵力 189505 人以上（部分地方兵力不计），枪支 96897 枝。空军 4 个大队，飞机 262 架。海军船舰约 3 万吨。以如此大的兵力放弃中国东北令人惋惜。沈阳一夜沦陷之后，辽宁、吉林的主要城镇也迅速沦陷。接下来是黑龙江，10 月 1 日，东北军黑龙江洮南镇守使张海鹏投敌，且奉日军命令派出 3 个团进攻齐齐哈尔。11 月 19 日，日军攻陷齐齐哈尔。

　　张学良在事件爆发后离开奉天，带领属下转移到锦州。10 月 8 日，关东军派出 12 架轰炸机空袭锦州。对此，南次郎陆军大臣依然对若槻礼次郎首相声称"由于受到中国军队的防空炮火攻击，才不得已采取自卫行动"。此后关东军发表公开声明，宣称"张学良在锦州集结大量兵力，如果置之不理，恐将对日本权益造成损害。为了尽快解决满蒙问题，关东军有必要驱逐锦州政权。"此后，币原主张的国际协调主义外交政策受到了严重的挫折，日本在军国主义的道路上越走越远。

日军攻占黑龙江省的主要城镇后，开始进攻辽西地区。12月15日，关东军进攻锦州。12月17日，日本陆军中央部由日本本土增派混成第8旅，并从朝鲜调第20师司令部、混成第38旅、重轰炸飞行中队以增援关东军。12月28日，第2师主力渡过辽河进攻锦州；12月30日，混成第39旅进攻打虎山（现为大虎山）。1932年1月3日，第20师司令部率混成第38旅占领锦州。驻锦州的东北军第12、第20旅和骑兵第3旅已奉命撤退至河北滦东地区和热河。

1月28日，关东军第3旅由长春向哈尔滨进犯，同时从辽西地区调第2师增援。当时为了转移国际社会对满洲的关注，日本在国际大城市上海挑起事端，引发了"一·二八"事变。1月31日，依兰镇守使兼第24旅旅长李杜率吉林自卫军进行哈尔滨保卫战。激战五天，自卫军伤亡惨重，撤往宾县。2月5日，日军攻陷哈尔滨。

一而再再而三的失守仍然消极抵抗，张学良被骂也不足为奇了。譬如上一节提到的马君武先生写的那首诗："赵四风流朱五狂，翩翩胡蝶最当行。温柔乡是英雄冢，哪管东师入沈阳。告急军书夜半来，开场弦管又相催。沈阳已陷休回顾，更抱阿娇舞几回。"朱五即是赵一荻的好友朱媚筠，也是张学良的部下朱启钤的妻子，把她和张学良扯到一起根本是无稽之谈，而著名的影星胡蝶，张学良甚至没有见过她。但是这样一首不符合事实的诗，在当时却极度盛传，大概也是因为群众的愤怒吧。虽然张学良在群众的怒骂声中压力巨大，也做出了一些反抗，但是终究没有挽回大局。

而当时的南京国民政府默许这种不抵抗政策，这个在前面也说到了，整个中国在外辱之下仍然坚持着"攘外必先安内"的政策。

"九·一八"事变后，南京就设立了特种外交委员会。经过多天商讨，决议了一个《现在处理时局之根本方针》，客观评估了当时的局势条件。著名的台湾历史学家梁敬錞博士事后评论说："……持与今日英国、日本各方面档案与其他著述资料相互印证，大抵皆能正确，允称政略之杰构。其中明知国联不足恃，而不得不仍作信赖国联之表示：明知解决事变不得不出于军事之牺牲，而仍不能不计较牺牲之真实代价，皆可鉴政府当时应付艰局之苦心。而可憾者，当时忍耐止境只限锦州，锦州有难，即当抗战。而其后锦州卒至不战而退，事变范围反之扩大了。"

1931 年 12 月 15 日，蒋介石在粤系的逼迫下辞职，张学良也辞去副司令的职务，但获得一个北平绥靖公署主任的新任命，日军夺取锦州之战即在此后展开。以粤系为主的新南京政府孙科为行政院长，陈友仁为外交部部长。

在孙科政府上台以前，蒋介石、顾维钧二人均屡次向张建议："锦州一隅如可保全，则日人尚有所顾忌……关系东省存亡甚巨。"顾于 12 月 5 日致张电中犹敦促张："现在日人如进兵锦州，兄为国家计，为兄个人前途计，自当力排困难，期能抵御。"

张学良始终倾向于"直接交涉主动撤军"，11 月 28 日，日本驻北平参事矢野真前来与张学良商洽双方解决方案，张表达"虽未获训令，但本人对此赞成"。日方进一步希望："地方局部问题就地解决，锦州冲突攸关东北军切身利害"，随后更情商前东北参议汤尔和进行游说。12 月 7 日，张学良首肯将自锦州撤兵。但张学良对外界都坚称死守锦州，据日本关宽治等的《满洲事变》记载："陆军方面收到中国方面的两份重要电报。一份是 11 月 30 日由锦州的荣臻给张学良的，主要内容是说锦州附近由张廷枢的第 12 步兵旅固守，很放心，因此希望取消设置中立地带。另一份是 12 月 1 日由张学良给蒋介石的，内容是否定关于主动撤出锦州的谣传。张学良的这种态度反映出来之后，国民政府四日就反对设置中立地带的方针，向国联的中国代表施肇基发出训电，同时开始宣传说，设置中立地带是日本提出的，如果国联万一不能阻止日本的进攻，中国不得不为自卫而战斗。根据中国方面的上述动向，关东军认为，中国确实要决心保住锦州。于是，12 月 10 日，关东军向中央提出，要求增派一个师团。同时要求增配重炮和山炮。"

张学良在锦州驻有重兵，据《蒋总统秘录》记载，关东军看穿了张学良自蒋于15日下野之后已经丧失了战意。据日本陆军参谋本部的"在满洲事变中军的统帅"文件中，录有获自中国军方的下述两件情报为例，分析张学良内心业已动摇：

12月21日北平绥靖公署令第二军司令部："我军驻关外部队，近当日本来攻锦州，理应防御；但如目前政府方针未定，自不能以锦州之军固守，应使撤进关内，届时，以迁安、永平、滦河、昌黎为其驻地。"

12月22日张学良上蒋总统电："公（蒋）今旋里，毋任痛心！日寇近迫锦州，河北局面如何善处，乞公赐予最后指针。"

就在国民政府孙科给张学良发出"死守锦州"命令的同时，身为参谋总长的朱培德就在特种外交委员会上指出："锦州至多只能守一个星期，而且关内无兵可援"，所以对于东北战局，他以军人立场认为，"一条路是不顾一切以赴之，另一条路便是和日本议和"。

当时的锦州，国民政府一再要求张固守，张也表示要固守，但是说："日军倾全国之力，而我仅一域之师""锦战一开，华北全局必将同时牵动"，不断去电请示援助。当时日本在天津有驻屯军，山海关有守备队，山海关方面还配有海军舰艇。锦州之战以前，日本即发动"天津事变"，被东北军镇压。在两国没有全面开战的前提下，这些日军又都合法存在，卷入事件的只是关东军，华北的日本驻军似乎仍然置身事外。但实际上，华北的日本驻军有一个秘密配合关东军围歼锦州所驻东北军的计划，只是被关东军方面拒绝。东北军在锦州外围与日军激战失利后，锦州驻军担心退路被截断，在没有后方支援的情况下陷于背水一战的境地。

同时，东北方面也质疑粤系的抗日态度是否真实，因为其外交部部长陈友仁，在"万宝山事件"和"中村事变"期间曾到日本向币原喜重郎外相提出建议，要与日本合作以打击蒋介石，并准备出卖满蒙的权益以换取日本对广东提供一批武器。不过币原喜重郎反对日本军人这种做法的，双方没有谈拢而作罢。粤系南京政府向张学良共发了三个"死守锦州"的命令，张学良也向中央发出三次请援，内容超乎寻常，目的在给粤方难堪。请援无下文："请械请弹无应，请航空队救护队，亦无应"。当时孙科已经出任行政院长，但财政部长黄汉契却无财可用。中央政府的反应激起东北军前方的强烈抗议，奉命守锦州的东北军将领荣臻厉词批评："中央不拨一分粮饷，不发一枪一弹，只在发命抗敌，显然有意徒令东北军牺牲，故置东北军于死地"。

然而，略显讽刺的是，12月25日日军总攻锦州，张学良撤军主动放弃。1月2日锦州失守，当日陈铭枢在南京"中央政治会议"上报告："自12月30日以后就没有前线消息"。放弃锦州的消息是经由外国通讯社报道传回中国，当时张学良未向中央提起。

"一·二八"事变后，广东军奋起抗敌，迫使日军三易主帅。时任中央政治会议主席、行政院长兼外交部部长的汪精卫，希望张学良出兵南北夹击日军，并派陈公博和李济深北上班请救兵。张学良以他的方针回答道："巩固后方，推进前方，保卫地方，拥护中央"，不肯出兵。

当时张学良的职务是负责保卫热河、察哈尔、河北等地。

在那时一期《独立评论》曾刊登熟悉热河和华北战略地理的丁文江教授所撰写的《假如我是张学良》一文明白地指出：

一旦热河有了军事行动，北京天津是万万守不了的。

我们真正的防御、长期的战争，不在平津，而在热河。假如我是张学良，要预备积极抵抗，第一步先把司令部移到张家口，同时把重要的军实和北宁路车辆逐次的运到居庸关以北；只留一部分军队在山海关、秦皇岛、天津等处；在这些几处经过相当的抵抗以后，也预备从冷口、喜峰口、古北口分别退至口外。现在驻在热河边界的军队应该从速进到朝阳、并且积极筹备朝阳、凌原，平原、承德各间的运输。热河东南两部完全是山地，不但日本人的坦克重炮都不能使用，就是飞机也有许多危险。喜峰、古北、河南口三处都是天险，每处有一两万人防守，日本非有一倍以上的军力不能进攻。

只要守得住热河，放弃了平津是不足惜的。只要当局有必死的决心，充分的计划，热河是一定守得住的。

但其时据守热河的军阀汤玉麟是张学良的父执辈，拥兵自重，根本指挥不动，也不允许张学良部进入热河，甚至有降日倾向。蒋介石建议张学良迅速解决汤，但计划泄露，为避免大战之前先内讧，争取汤积极抵抗，张学良只能暂时将所部布置在热河外围以稳住汤，并派去张作相督战。

一个多月以后，丁文江眼看热河布防失当，又撰写一文道：

热河部队只有四步军旅、六骑兵旅，合计不过二万支枪。朝阳、北原的守兵一共不及四千多支枪。日本如在锦州、义县进兵，该地防军就没有抵抗的能力！

我们现在将二十旅兵力全放在冀察两省，而将热河交给汤玉麟去防守，这是什么战略？我不懂！

汪精卫对军队系统内部的过节不甚明了，且与张本有中原大战的宿怨，另外当时东北根据地已失，华北局势未稳，大军开拔需要粮饷，汪不拨分文，却以此疑忌，一再逼迫张在准备不足的情况下出战，显示其实际目的在于以东北军之牺牲赚取政治资本和舆论支持。调兵入热的问题本可以协商解决，最后却演变成一场意气之争。

1932年8月6日，汪精卫通电请求辞职，并逼张一同下野：

北平绥靖公署张主任汉卿勋鉴，溯兄去岁放弃沈阳，再失锦州，致三千万人民，数十万里土地，陷于敌手，敌气益骄，延及淞沪，赖第十九军及第五路军奋起抵御，为我民族争生存，为我国家争人格，此本非常之事，非所望于兄。然亦冀兄之激发天良，有以自见。乃因循经年，未有建树，而寇氛益肆，热河告急，中央军队方事剿匪，溽暑作战，冒诸艰苦。然为安定内地，巩固后方防计，义无可辞。此外惟兄拥兵最多，军容最盛，而敌兵所扰，正在兄防地以内。故以实力言之，以地理之便利言之，抵抗敌人，兄在职一日，断非他人所能越俎。须知中国者中国人之中国，凡属族类，皆有执干戈以卫社稷之义务，当日第十九军及第五路军作战淞沪，实本斯义，岂有他求！及战事既酣，在中央固悉索敝赋，以供前方；而人民更裹粮景从，以助士气。今兄未闻出一兵，放一矢，乃欲藉抵抗之名，以事聚敛，自一纸宣言捍御外侮以来，所责于财政部者，即筹五百万，至少先交两百万；所责于铁部者，即筹三百万；昨日则又以每月筹助热河三百万责之于行政院矣。当此民穷财尽之时，中央财政歇蹶万分，亦有耳目，兄宁不知！乃必以此相要挟，诚不解是何居心！无论中央无此财力，即令有之，在兄为实行抵抗以前，弟亦万不忍为浪掷！弟诚无似，不能搜刮民脂民膏，以餍兄一人之欲。使兄失望，于弟唯有引咎辞职，以谢兄一人，并以明无他。惟望兄亦以辞职以谢四万万国人，毋使热河平津为东北锦州之续，则关内之中国幸甚！

张学良回复：

自"九·一八"日本侵华以来，国家力谋团结御侮，汪先生如欲辞职，尽可明白向余表示，何必发表与事实不相符合之谈话？自日军侵犯东北以后，余毫无个人生命财产之观念，但因华北治安责任在身，未敢擅离职守，余为军人，负责统率大军，一切行动当不如汪先生自由也，余虽准备交卸，但一旦在职，不得不努力华北治安。

张学良嗣后引咎辞职，东北军将领和宋哲元等北方将领则联名愿与其共进退。汪精卫声言抗日，却在热河抗战前夕掀起政坛风波，蒋介石亦在日记中称其"不顾大体"。

1933年2月22日，日军协同满洲国伪军全面进攻热河，热河抗战爆发了。汤玉麟闻风立刻动员全军二百多辆军车，搬运鸦片私产，力求完脱。汤部溃不成军，日军仅以128名骑兵为先锋，轻取热河省会承德。

3月7日，张学良上呈中央辞职：（节录）

自东北沦陷之后，效命行间，妄冀待罪图功，勉求自赎，讵料热河之变未逾旬日，失地千里，固有种种原因，酿成恶果，要皆学良一人诚信未孚，指挥不当，以致上负政府督责之殷，下无以对国民付托之重，……学良虽粉身碎骨，亦无补于国家，无补于大局，应恳迅赐命令，准免各职，以示惩儆。

3月10日，保定会议，张学良辞职照准。

1933年3月，张学良因热河失陷，下野赴欧洲进行戒毒治疗，汪精卫复出。

由于受到了国际舆论的普遍谴责，关东军不敢悍然吞并满洲全境，因此考虑建立傀儡政权。当时担任特务机关负责人的土肥原贤二大佐游说了已经退位的清朝末代皇帝溥仪，谎称满洲本为满族的故土，以复兴清朝为条件，说服溥仪回到东北。11月10日，溥仪从天津出发，11月13日到达营口，最后停留在驻守旅顺的日本军营内。

1932年3月1日，日本扶植的满洲国正式成立。溥仪担任国家元首，首都定在新京（今长春），年号定为"大同"。上述宣言都在东北行政委员会委员长张景惠的公馆发表。国际联盟强烈谴责日本政府的行为，并不承认满洲国政府的合法性。日本表示抗议并且脱离国际联盟。

3月9日，溥仪宣布就任满洲国执政仪式在新京举行，年号为"大同"（1934年3月1日改大满洲帝国，登基称帝，改年号为康德）。

1932年9月15日，日本与满洲国签订《日满议定书》，满洲国承认日本的既得权益，并允许关东军在满洲国内驻军。

至此，东北完全沦陷，而曾经的少帅张学良，东北三省的统帅，现在也失去了他原有的一切。

## 第 三 卷

## 山河破碎风飘絮

# 远赴欧洲弃政坛

"九·一八"之后的中国，已经真正变成一个弥漫着烽火硝烟的战场。关于战争的描述，那个时代，更多的是凄惨，丧权辱国，民不聊生。

对于那个时代的百姓，他们的灾难遥遥无期。

而张学良，他被认为是罪魁祸首，不抵抗将军的恶名死死地扣在他头上，面对众人的口诛笔伐，成为民族罪人的他只有暂时离开政坛。

1933年3月12日，张学良引咎辞职，宣布下野，并通电全国，"余就职以来，仍本先父遗志，始终巩固中央、统一中国为职志，兢兢业业，未尝或渝，即如不顾日本之公开恫吓而易帜。辅助国民党在东北之活动。与夫十九年秋季奉命入关，拥护中央统一。凡此种种，事实俱在。'九·一八'事变发生，余正卧病在平，初以诉诸国联，头为之张公道，迫乎日军侵热，余奉命守土，乃率师整旅与敌周旋，抗战以来，将士效命颇不乏人，无论事之成败若何，然部下之为国牺牲者，已以万计矣！此次蒋公北来，会商之下，益觉余今日之咎，辞职即所以效忠党国，巩固中央之最善方法。故毅然下野，以谢国人，惟眷念多年袍泽，东北之健儿孰非国家之将士，十九年余奉命率其入关援助中央。于今，国难未已，国土未复，无家可归者数十万人。但盼中央俯察彼此劳苦，予以指导，并请社会人士，力加援彼等。为国为乡，皆抱热诚，并熟悉东北情形，倘遇报国之机，加以使用。俾得为收复东北而效命，遂其志愿，免于漂泊于愿斯足。并盼国人鉴余诚悃谅余庸愚，虽愆尤丛生，而余本身只知为国，余皆不复计也。"电文中满腔的热血与无奈令人叹惋。

3月12日，蒋介石致电张学良、何应钦称："汉兄离平时，代委员长职务准交敬之兄接代，以免职务中断也。"张学良遵照电文，正式将国民军事委员会北平军分会代理委员长职务交给何应钦。第二天，张学良便带着夫人于凤至和一荻等家眷从北平清河机场离平，当天下午抵达上海。张学良和于凤至、一荻刚刚从车站走出来，就发现上海的街上贴满了各种标语。游行示威的群众队伍如同潮水一般涌到张学良一行人面前。上海地方官员尽力保护张学良不受群众的伤害，但是"不许张学良出国""张学良应该打回东北去"这样的口号还是不绝于耳。

爱国游行队伍的呐喊响彻整个上海滩，震荡着这个繁华而危险的城市，也震荡着少帅张学良战败后敏感的心。

在上海等候意大利签证的期间，张学良和于凤至、一荻住在上海当地官员张群的公馆。一荻有时候悄悄地看着终日恍惚凝重的张学良，她陪着他一路走来已经有好几个年头了，见识过他的风光无限，领略过他的英雄气概，也陪他走出过失意的困境，可是任何时候，她都未曾见过张学良像此刻一样颓败，整个人没有一丝生气。此时的张学良毒瘾非常深，整天沉醉在毒品的世界里麻醉自己。他的心里何尝不痛呢，在国家生死攸关的危险时刻，他却不得不远离国土，还背负着一身骂名。

离开实属无奈之举，国内情势如此严峻，张学良自然是希望继续领兵抗敌，然而出洋是蒋介石的要求，他也没有理由反驳，而且还面临着极大的阻力。1933年3月25日，胡汉民派何世桢（字思毅）持函赶到上海，劝阻张学良出国。函云：自热河沦陷，吾兄去职，华北局面，日趋混沌。兄典军东北，久历岁时，今为人所乘，有怀莫白。闻将有远适异国之志，弟以为个人权力为轻，党国安危为重，翘然远行，似非其时；即不得已而行，亦须力策善后，挽回危局。是非所在，天下不乏同情，此间国人正具决心为兄后盾也。兹遣何思毅同志趋陈近意，至盼廷洽。

赵一荻陪着张学良，见他面对巨大的压力，只有用毒品麻醉自己。一荻看在眼里，痛在心里，她劝张学良戒毒，他曾经为自己戒毒但是以失败告终，而现在，她希望他再试一次，不是为了她赵一荻，而是为了他自己，为了早日可以归来报效祖国。

在赵一荻和于凤至的劝告下，张学良终于下定了戒毒的决心，他闭门谢客，并且撰戒毒条幅"陋习好改志为鉴，顽症难治心作医。"

如果说张学良吸毒是他的一段黑历史，那么戒毒成功便是见证了一名军人的坚毅与勇敢。

在于凤至和赵一荻的陪伴下，张学良终于戒毒成功。

4月8日，张学良给胡汉民复信云：何思毅同志携示琅翰，捧诵一一，辰维勋履绥和，式符私颂。良乍息薪劳，闭门自讼，乃蒙远垂记住，勖以方来，高谊殷隆：曷胜感奋！抚时多艰，耻痛毋忘，苟图少补涓尘，敢委匹夫之责！引詹榘范，弥切心驰，尚祈时锡教言，俾其戴罪之身，多叨宏益。

他不忘国耻，不抛弃责任，当时对于留在中国，他也是万分无奈。

4月11日，张学良一行人由上海乘意大利邮轮启程出国。

早些年的时候，张学良对法西斯主义非常感兴趣，这次出国，他也是希望在外国作一些考察，将来回国可以更好地报效祖国。

4月上旬，张学良致书东北军将领及东北名流，勉励他们要亲如手足，患难与共，准备收复东北为最大责任。"武要保存东北军实力，文要发展东北大学。"他心心念念的东北，总有一天，他会夺回来。

到达意大利罗马已经是五月份了，此时的张学良，虽然身不在国内，十分无奈，但是对祖国十分关心。据记载，5月8日，张学良得知马占山、李杜、苏炳文由苏经欧洲回国，便邀其到罗马会晤。马、李、苏于是日抵罗马谒张。张赞扬马等奋力抗日之精神，鼓励他们回国后不忘国耻，继续抗日斗争。5月12日，自意大利致书王树翰称："现虽寄身海外，但有三事尚不敢忘：一曰国难，二曰家患，三曰家仇。"并附寄张在罗马拍摄的照片一张。5月26日，由罗马致电万福麟，劝告东北军各将领，宜一致团结，服从蒋介石指挥，坚决抗日。

和在中国境内受到的待遇完全相反，张学良在意大利受到官员的亲切接待，被看作极其尊贵的客人，还多次与意大利皇帝及首相墨索里尼晤谈。而英语娴熟的赵一荻，以秘书的身份作陪，与张学良出现在各个场合。对法西斯主义非常感兴趣的张学良，对意大利进行了全面的考察，他专心研究法西斯党运动及组织，多次访问意大利空军司令部，考察其航空事业。但是，与墨索里尼的多次交谈之后，张学良渐渐发现法西斯主义完全是一种暴权方式，这让他无法接受，渐渐对法西斯主义失去了兴趣。6月下旬，张学良又去了英国伦敦考察，由罗马经巴黎去伦敦，又飞回罗马。

7月初，即有东北军将领电请张学良回国，当时局势复杂，他回电称：最近有令张学良回国之风说，但目下余正视察欧洲各地，至少3个月内，绝不能回国。

张学良自然是希望早一些回到祖国，毕竟国难当头，他必须得有所作为，但是一方面他需要在外国学习更多的东西，另一方面，国内情势复杂，蒋介石的态度他也不清楚。7月11日，宋子文来到罗马。张学良与宋子文见面后，向其表示：在欧洲做短暂逗留后，即拟回国，报效祖国。张学良说此话，意在向宋子文试探蒋介石对他的态度。宋子文听后，郑重地对张学良说："蒋先生希望你在国外多考察一段时间，不要急于回国。现在没有适当的位置给你，要安下心来，以待机会。"张学良听了这番话，顿时感到心灰意冷，无限伤感。

既然明白蒋介石的意思，张学良知道自己短时间内无法回国，于是专心在欧洲考察，简单罗列一下张学良在欧洲考察的行程。7月22日，张学良从意大利米兰飞抵巴黎，法国总理达拉迪派代表欢迎。顾维钧亦到机场欢迎。并在巴黎会晤法国航空部长柯特，参观法国航空事业。7月30日，携家属再次飞抵伦敦，次日赴金斯顿奥克尔飞机制造所参观，还参观了当地的军需品制造工厂。8月10日，赴朴次茅斯参观朴次斯造船厂。海军司令在官舍设宴款待。张还在航空母舰上详细参观海军每周之操演，至晚始返伦敦。9月10日，张学良赴德国柏林考察访问。9月下旬，张学良与中国军事代表团团长陈策赴德国德尼司登陆军学校参观，并检阅该校学员。10月1日，抵达瑞典首都斯德哥尔摩，谒见古斯达阿克五世皇帝，并出席阿德无殿下之午宴。10月2号，考察"二福斯"兵工厂，"芬斯欧克"造约厂，同日飞伦敦。10月14日，飞芬兰访问，访问芬兰后本拟访问苏联，经联系，因苏不予接待而作罢。在结束对芬兰访问后，仍飞回伦敦。

事件的罗列是分析问题最简单的方法，也是最没有效果的一种方法，因为如果你体会不到内在的感情，结合不了外在的背景，那么就无法理解一个有血有肉的人物。

欧洲之行对于张学良来说，是一次收获颇多的学习之旅，对于始终陪在他身边的赵一荻来说，却是让她魂牵梦萦的一次浪漫之旅。当然，深明大义的赵四小姐，在国难当头、背井离乡的情形下，绝对不会贪图享乐，她一直非常辛苦，作为秘书兼翻译，她陪着张学良四处奔波。那么为什么欧洲之行是她日后魂牵梦萦的回忆呢，因为，她在陪着心爱的人去看更高更远的世界。远离了大陆，在大洋彼岸，他的压力暂时减小了，他仍然可以追寻自己的梦。

依稀记得，多年前离开祖国，是赴日本观摩秋操，而当他再一次离开祖国时，日本却已经成为中国的侵略者。

而赵一荻，她很清楚地想起，初遇张学良时对他芥蒂颇深，却在图书馆的画册上，看到一个令她怦然心动的英雄。

一切都很巧妙，政局动荡，他们只是乱世中很渺小的人，反抗与挣扎无益，此刻漂泊在大洋彼岸，心中也是百般酸楚。唯一庆幸的是，他们一路相随。

8 月，蒋介石致电张学良，请他回国统率东北军移驻新疆。一心希望回归祖国的张学良此时却非常谨慎，他固然想回到中国，但是他也需要给东北军一个前途。张学良回电蒋介石称：移驻新疆，虽无异议，但需查后再作答。接着，他又致电部下赴新疆实地考察。此计划后因汪精卫、胡汉民等反对，加之此时张学良回国会对已见好转之中日关系不利，故蒋介石又拒绝张学良回国。

11 月 11 日，是第一次世界大战欧洲停战纪念日。张学良在伦敦街头看到英国民众举行停战纪念游行。英国民众特别是那些残废军人诅咒战争的情绪感染了张学良，他对英国人民在战争中受到的苦难给予深切同情。同月下旬，国内"福建事变"发生后，有人劝告东北军加入到反对蒋介石的斗争中。此时，蒋介石又想调东北军入闽"平乱"。于是，东北军将领致电张学良，报告闽变后的国内形势，请其"务必立即返回"。

12 月 1 日，张学良由伦敦飞抵巴黎。他对采访的记者说："我此次抵巴黎，只是经过，无访问巴黎以外地方的计划。"12 月 8 日，张学良会见墨索里尼，向其辞行。墨索里尼亲自授予张学良意大利大十字勋章，并设宴欢送张学良一行。翌日，赵一荻按照张学良的指示，到客轮公司预定了一周后的客轮船票。12 月 15 日，张学良偕赵一荻、秘书沈同祖及翻译等人，登上由威尼斯起航的昆特帕尔特号轮船回国。在轮船上，张学良命秘书沈同祖电告蒋介石自己正在回国途中，若有指示可随时联系。

另外，他还让秘书向万福麟等东北将领电告回国事宜。此时，正值蒋介石对红军进行第四次"围剿"，向江西、湖北发动的进攻均被红军顽强抵抗而告败。蒋介石的军事实力在围剿红军的战斗中遭受巨大损失。正当蒋介石苦于东北军不服从其将领调动"剿共"之际，接到了张学良的电报，得知他正在回国途中。蒋介石非常高兴，马上随机应变，于 18 日给张学良拍电报，召其回国，"共谋党国大业"。12 月 23 日，上海成立了欢迎张学良委员会。张学良的部下高纪毅、荣臻、富双英等人 24 日经津赴沪准备欢迎张学良之工作。25 日，东北军将领万福麟、王以哲、王树常等人聚议于万家，向中央政府请愿：东北军必须由张学良统帅。

1934 年 1 月 6 日，与祖国阔别大半年的张学良终于回到了这片熟悉的神州大地。陪在他身边的，是一荻，而张学良的夫人于凤至，因为身体不适，加上孩子在外国念书，于是没有随张学良回国。一荻陪在张学良身边，他们从香港登岸，这里是一荻幼年生活过的地方。一荻初到沈阳的时候，有一次张学良喊出了她的乳名"香笙"，这让一荻惊讶不已，没想到张学良居然对自己的乳名都感兴趣。香港出生的姑娘，只是一个名字，便留下爱屋及乌满满的情意。

张学良很明白，自己将要面对更艰难的挑战，他的荣耀已经满目疮痍，不复当初。

纵然进退维谷，颠沛流离，幸好，相爱的那个人，一直陪在身边。

幸好，有你相陪，我便可以毫不畏惧地继续做一个英雄，披荆斩棘，自由翱翔。

# 南辕北辙生暗涌

中华古来多名将，有名士的气节，有将士的悍勇。

他们可以在战场上抛头颅洒热血，可以为国捐躯，他们有才能，有权力，似乎勇敢到没有任何东西能让他们害怕。其实不然，他们害怕报国无门，害怕统治者的猜疑，身居高位有时候也是一直无奈。

比如张学良。

东北易帜后，他不再是东北的最高领导人，"九·一八"事变后东北沦陷，他下野出洋，他的军队遭到重创，从此隶属国民政府统辖。此次回国是因为"福建事变"，那么他回国之后的位置又会在哪里，已由不得自己的意愿了。

在香港登陆后，张学良和陪在身边的一荻都非常忧虑。一荻回到幼时的故乡，见到了素来与自己交好的六哥赵燕生，亲人相聚分外开心，可惜赵家其他的人依然定居在天津。

一荻很留恋香港，然而国难当头，政局动荡，她必须跟随在张学良身边。他们没有多少风花雪月的时间。登岸后，张学良没有时间陪一荻故地重游，便立刻向新闻界发表游欧归来在港之谈话。他说：此次出国，纯系游历性质，考察空军事业。觉得中国人与外国人脑汁与体质相同，但爱国之心则远不如之。外国人都以国家为前提，中国人不肯牺牲，只自顾金钱地位。今后救国责任，固望民众一致，更望青年努力。本人归国，非奉中央召，无非思乡念切，将卜居沪上。随后立即回到上海。

张学良回国的消息很快传播开来，东北军旧部闻讯纷纷前来探望。失去领导者和领地的将士们，都不愿意再依附于蒋介石，一方面他们因为东北沦陷内心压抑无比，另一方面，张学良出国后，蒋介石对东北军确实存在一些不公正的待遇。原东北军参谋长荣臻已退职闲居家中，听说张学良回到上海，立即前往拜访，劝少帅快回北平，不要去见蒋介石。原北宁路局长高纪毅是少帅的心腹密友，也来劝少帅，要自立门户，不要对蒋介石唯命是从。

作为东北军的第二代领袖，张学良确实有机会成为中国未来的领袖，他也是胸怀雄心壮志的铮铮好汉，但是他始终希望做的，不是掌权，而是为国奉献，抵御外辱，从东北易帜到现在背负着不抵抗将军的骂名，他承受着多少质疑和猜测，又承受着多少人盲目的期待，如果意志不够坚决，迷失了方向，也许，真的就走上了一条不归路也说不定。

但是张学良很清醒，他清醒自己的位置，自己的能力，自己应该怎样做才利于中国的大局，纵然千般无奈，万般委屈，只要对中国整体情势好，他就愿意。

1月11日，张学良向报界发表书面讲话。他说：出国游踪所及，达意、瑞、德、法、英、丹、瑞典，于各国物质文明，利用厚生之建设，感受印象最深，进一层追求，则有不少感觉：（一）各国民众皆能热烈拥护其领袖，俾得放手做事。意、德于大战残破之后，皆能转否为泰，而为领袖者亦忠诚无私，努力奋斗。反顾国内争做领袖者太多，猜忌争斗，返人成功，而成既不能令、又不受命之亡国病症，宁受外侮，而不许自己兄弟来统治。全国人若不愿为亡国奴，必大彻大悟，容许一个领袖，有试验机会，发展效能。（二）西方学者治学专挚，有磨穿铁砚精神。而我国则名不副实，大学甚多，教师为金钱，学生为文凭，对于国家所贡献者，亦仅摇旗呐喊。（三）西方备战空气浓厚，厌恶战争到万分，各国猜忌及备战之急亦到万分。国人应速准备，泯除恩怨，否则唯有亡国。至于本人回国原因，一则鸟归林；二则料理家庭个人私事；三则急于与政府商讨根本救济东北难民及失业者之办法。至于是否做事，则本人系军人，唯有服从命令。国家如有用我地方，自度力能胜任，绝不敢偷闲；不能胜任，则不敢一误再误。维持和平，促进统一，向生产建设之路迈进，乃始终不变之志愿。如志不得行，拟再出国调查研究。

意思很明显，他希望中国和平，一致抗日，而自己不会再增加中国的不稳定，会忠心服从国民政府。

然而蒋介石生性多疑，张学良的归来他必定会猜忌。为了取得蒋介石的信任，他必须一次又一次地表明自己的忠心。虽然说以大局为重，但是对于这个心高气傲的年轻将领，也真是难为他了。

此时的蒋介石需要张学良，又对他不放心。为拉拢张学良，致电任命他为"副总司令"，并召他在杭州见面。张学良接到电报后，立即启程，前往杭州。在杭州车站，蒋介石的亲信戴笠专程前往迎接，随后，蒋介石设宴款待。席间，张学良向蒋介石讲述了欧洲之行的情况。为使蒋介石不猜忌，少帅大谈德、意法西斯独裁体制的优越性，赞扬德、意的办法好，值得效仿。他真诚地说："回到中国后，我不想再带兵了。我想加深与蒋先生之间的相互认识了解，我希望当先生的侍从室主任。我想让先生在中国成为像墨索里尼那样强有力的领袖！"

话已至此，蒋介石也就放心了，他很高兴地说："汉卿，你想想，除了我就是你，我怎么能让你当我的侍从室主任呢？这是不可能的！"他说到这儿，转身叹惜道："哎，汉卿，不瞒你说，国民对你感到不满，你回来了，这回要好好干啊！"。张学良说："我听先生的话，我要干先生认为最难干的工作！"

随后，张学良回到南京，出任鄂、豫、皖三省剿匪的副总司令，被授予一级上将头衔。一名军人获得这种地位，可谓是受宠之至。可是张学良却闷闷不乐，因为他想要收复东北，打击日本，不想与红军作战。

对于共产党他不甚了解，但是对于蒋介石"攘外必先安内"的主张他却不敢苟同。

面对侵略者，国内势力不是应该团结起来抵抗外辱吗？

张学良心里有异议，却不敢表现出来，他觉得有一天蒋介石一定会明白，让他领兵抗日。抱着这样的幻想，张学良选择相信和服从，首先指挥麾下几十万东北军对红军进行围剿。

纵然心中不愿，但是服从命令是军人的天职，而且张学良已经答应过蒋介石为他做最难的工作。正所谓知己知彼，百战百胜，为了打败红军，战胜共产党，张学良开始研究共产党究竟是怎样的一伙人，于是派人搜集有关共产党的革命理论、历史、人物、事件、词语等材料，并仿照《辞海》按笔画的多少，分部分编辑成书，定名为《匪情辞通》，印发到各部队，作为了解、分析红军情况的工具书。

原本以为对红军足够了解，与他们作战不会出现太大的问题，张学良希望按照蒋介石的意思尽快剿灭红军，国内安宁了，就可以一心一意抗日了。可是他错了，到真正在战场上对峙时，竟然屡遭挫败，军中将士也多怨言，张学良这才不安起来，明白蒋介石为什么把剿灭红军看作是最难的工作。

随着对共产党的了解加深，张学良对他们渐渐产生好感，而与红军的对峙令他心烦意乱，红军作战方式灵活，指导思想先进，有强烈的爱国热情，如果国共合作，一致抗日，那么在战场上的士兵，他们抛洒鲜血的价值将是现在的千倍万倍。

这些想法让张学良寝食难安，对待红军的好感加剧了他对蒋介石"攘外必先安内"政策的不满。

当时中国的情形是，日寇正向华北步步逼近，国民政府软弱无力，未过多久，何应钦和梅津还签订了屈辱的《何梅协定》，这让国人愤慨不已。著名作家郁达夫在杭州游岳坟时，曾作诗斥责当权者，诗云：

北地小儿贪逸乐，

南朝天子爱风流。

权臣自愿成和议，

金虏何尝要汴州！

屠狗犹拼弦下命，

将军偏惜镜中头。

饶他关外童男女，

立马吴山志竟酬。

诗中以南宋奸臣秦桧影射国民党中的亲日派，并指出日本帝国主义欲吞并全中国的狂妄野心。很明显，这是中国人民的呼声，张学良又何尝不知道，他曾沉痛地表示："以前同胞们谴责我对日本不抵抗，现在我希望领袖蒋公能更改我的任务，不让我去打共产党而去打日本人，因为我觉得在'剿共'中战死不如抗日而死有价值。"因为自己的失误，东北急速沦陷，他深以为耻，然而再次上战场，竟然不能去攻打日本，不能雪耻，反而在伤害自己的同胞。

1934年10月，在第五次围剿中红军出现指挥失误，陷入困境，为了突围，他们进行了长达两万五千里的长征。对于张学良来说，他感到轻松不少，本来对剿共之事就非常不满，现在没有战事，正好乘机训练东北军，为抗日做准备。

然而，很快他收到了让东北军西进的命令，因为蒋介石围堵红军、组织他们打通国际交通线取得苏联帮助的努力失败了。主力红军到达陕北，与徐海东、程子华、刘志丹等领导的红十五军团胜利会师，并决定把陕北作为领导中国革命的大本营。蒋介石焦急万分，命令张学良前去西安剿共。

对于这个任务，张学良感到苦不堪言，没完没了的剿共令他厌烦，而前往西安更令他怀疑蒋介石有趁机削弱东北军势力、排除异己的用心，关于这一点，他听到的议论颇多，不免有所顾虑。但是张学良固然不会因为这些问题就公然抗命。红军经历长征，人员伤亡惨重，装备又极其落后，攻打他们应该比之前容易，而且，陕北离东北比较近，他也可以将其作为抗日基地，日后收复东北。

前往陕北一事已经没有回头的余地了，出发之前，张学良有些低落，陪在身边的赵一荻为此难过。她带着他们的孩子闾琳一起，固然不能和曾经的于凤至一样随君千里，回国之后，她一直住在上海，张学良则听从蒋介石的命令忙于剿共，于凤至则在国外照顾她的孩子，他们在国外念书。一荻独居在上海，知晓张学良心中苦痛，却只有远远地为他担忧着。

乱世儿女，每个人都有各自的心结，蒋介石的心结是野火烧不尽的红军；张学良是心结是枉担骂名，枉为将军，却不能保家卫国；赵一荻的心结，则是张学良此时愤懑难平，受制于人的尴尬处境。

然而一切都还没有结束，而且越来越糟。

东北军长途跋涉来到陕西，人生地疏，与群众关系很淡漠，他们不打日本人，却来打深得民心的红军，这引起群众的强烈反感。因而消息不灵，竟处于被动地位，红军则消息灵通，对地形也熟悉，作战灵活，如鱼得水。兵力和装备都占绝对优势的东北军，在这种情况下，却屡战屡败。张学良为此一筹莫展，1935 年 9 月，在陕北甘泉的劳山一战，东北军 110 师被红军歼灭，师长何立中被打死，10 月，东北军 107 师又在甘泉的榆林桥与红军交战，该师一个团被消灭，团长高福源被俘。

张学良当时的不安、苦恼和震惊是难以言说的，此时，中央红军与陕西红军会合，毛泽东、周恩来这些人让张学良更加头疼。

国民政府的其他军队持观望状态，东北军基本上可以说是孤军作战，张学良决定不再攻打红军，恰逢国民党"五全大会"召开，他必须前往南京，临走之前，他嘱咐部下切不可轻举妄动。

然而，长期滞留在陕西的东北军出现了物资供给困难，当地老百姓不可能给他们食物，东北军军长董英武在仔细考虑以及采纳部下的劝告后，决定出兵夺取物资丰饶、有红军驻扎的富县。对此次进攻，董英武还是非常谨慎的，派遣三个师协同作战，然而109师师长牛元峰十分骄纵，孤军深入，最终在直罗镇全军覆没，牛元峰自杀。

身在南京的张学良知道这个消息后，反应十分强烈，愤懑，悲痛。据当时任东北军骑兵军军长的何柱国在回忆录中的描述，"前已有令在开会期间不许行动，因何违令？急欲飞返查办此事，乃匆匆告知我随行，并未询问气象状态，即自南京起飞，一路在云雾之中，盲目飞行，飞机又无定向设备，按时间与距离计算约达河南平原之时乃猛降低飞，才找到平汉铁路。飞机离地不过二百公尺，沿平汉路北飞找到黄河，再沿黄河西飞，过孟津以后，河曲山高，云重谷狭，不能辨别前景，危险万分，最后才找到洛阳降落。是日大雨不止，翌日改乘火车返陕。查得牛师失败原因，乃董军因缺粮而请示总部今后行动方针，总部的指示仅说明该军迟早是要东进的。董军长误解电意，又因鄜州（今富县）粮食较丰，遂贸然令牛师东进。张将军对参谋长晏道刚、军长董英武大加斥责。"可见张学良对此事感到震惊和悲痛的程度。

然而，不管怎样悲痛，不管怎样斥责下属，这一惨案发生了，他东北军在红军面前完败。东北军本来是一支精锐的军队，当时经历"九·一八"和师出无名的剿共战争，实力削弱不少，这令张学良深感悲痛和不公，更让他难以接受的是，东北军损失惨重，蒋介石却不理睬，南京政府不但不补充他的损失，反而削减了110师番号，减发东北军军饷，拒绝抚恤两位阵亡家属。张学良不仅遭受冷落，还遭到了前所未有的屈辱。

矛盾渐渐滋生，并且越来越大，张学良与蒋介石之间的暗涌不知不觉已经无法挽救了。

　　而另一方面，东北军与红军的关系却悄悄发生了变化，许多被红军释放回来的东北官兵，成为红军及他们统一战线政策的义务宣传者，这使张学良对红军渐渐产生一种钦佩之情。慢慢地，东北军与红军的对垒，出现将不打、兵不战的和平共处景象。

　　当一切悄悄变化时，张学良的心似乎也在渐渐远离蒋介石，慢慢靠近红军，东北军该何去何从，中国又该何去何从，他张学良要怎样做，才能实现保家卫国、抵御外辱的梦想。

　　从前坚决拥护南京国民政府、拥护蒋委员长的信念似乎慢慢动摇了，他的心里，对新的、可能的选择又害怕又兴奋。一切都显得扑朔迷离，他知道，他必须做出新的选择，为了他自己，为了东北军，也为了中国。

# 山雨欲来风满楼

　　神州大地在遭受外辱侵略的时候，中华儿女的热血、政治上的诡谲使祖国到处弥漫着一股危险的气息。国共对峙、张学良与红军的亲近，更使本就扑朔迷离的政坛出现一种大事将至的氛围。而这种氛围，蒋介石是不知道的。

　　前面已经说过，直罗镇战役后，张学良对蒋介石的异议颇深，而与红军渐渐亲近，实际上在这个过程中，他承受着巨大的压力和内心的矛盾。1935 年 11 月 13 日，张学良在中共八一宣言中，被中共形容为："不抵抗将军、卖国贼""日本帝国主义忠实的走狗"。被自己看轻又战胜自己的红军这样描述，可想而知战败的张学良心中的愤懑与痛苦。

　　在中共动员下，1935 年 12 月 9 日，北平发生了大规模的大学生示威游行，呼吁"停止内战，一致对外""打倒日本帝国主义""坚决反分裂"，获得全国民众积极响应，全国人民抗日热情高涨，给实行"攘外必先安内"的国民政府巨大压力，同时也给了张学良巨大的心理压力。

　　1936 年春，被红军俘虏的原东北军团长高福源的迅速释放，成为张学良与红军关系改变新的起点。高福源秘密联系张学良，二人在洛川相见。张学良毫不迟疑地飞到洛川，也可以看出他心中渴望与红军沟通却毫无头绪。

明知高福源是红军的说客，为了测试他的胆识和诚意，张学良见到他之后的态度十分冷淡，在高福源提到红军的时候，甚至拔枪相逼，怒斥其背叛东北军。高福源见此非常失望，他声泪俱下地讲述自己不过是为国为民，也为了东北军，即使被杀也值得。东北军与日寇有不共戴天之仇，对于张学良来说，更是国仇家恨的交织，他的父亲张作霖死于日本人之手，他的领地东三省沦陷在日本人的魔爪之中，所以听到高福源情真意切的控诉，他也不禁流下了眼泪。

张学良收起手枪，对高福源解释了他的用意，又抚慰他的情绪，高福源这才松了一口气。随后，高福源向张学良详谈了关于红军的政策和他们的理念，张学良表示他愿意与红军进行会谈。高福源听到这话非常高兴，随后返回陕北苏区。

洛川会谈使张学良与红军有了交集，虽然这时候他们之间的联系并不密切，但是毕竟是一个良好的开端。

张学良要与红军进行会谈的建议被欣然采纳，随后中共派李克农去洛川与张学良进行会谈，会谈取得了一些积极成果，此时的张学良已经明显表示出自己想与红军合作的心意。

四月份的时候，他收到了一封由毛泽东、彭德怀联名发送的电报，电文曰：

汉卿将军，敝方代表周恩来偕李克农于8日赴肤施，与张先生会商救国之计。定7日由瓦窑堡启程，8日下午6时前到达肤施城东二十里之川口。以待张先生派人到川口引导入城。关于入城以后之安全，请张先生妥为布置。

收到这封电报之后，张学良激动不已，一直以来，红军在他心中是神秘的，他们的士兵少，装备差，却能得到广大人民群众的支持，不管收到蒋介石怎样的打压都依然坚强地生存下去。对周恩来他也早有耳闻，他与蒋先生是黄埔军校的同学，不知为何竟到了敌对状态，蒋介石还曾悬赏要缉拿周恩来。

在此之前，张学良一直非常想见的人是毛泽东，因为毛泽东给人的神秘感令他非常好奇，在蒋介石的描述中，他是共匪，既然是"匪"，自然是狰狞可怕的。但是据他的朋友、美国记者埃德加·斯诺的描述，他是一个伟人，是一个能给中国带来新希望的人。埃德加·斯诺在1930年去东北采访的时候就和张学良成了朋友，1935年，他去延安采访毛泽东结束后，在西安停留，像张学良讲述他所看到的毛泽东。强烈的反差引起张学良的好奇，对毛泽东的好奇，也是对红军的好奇。

张学良将他的想法如实告诉了陪在他身边的赵一荻。一荻现在以秘书的身份陪在他身边，为他处理各种事务，给了他很大的帮助，还有精神上的支持。一荻对此事并不是非常赞同，因为与中共高级领导人会面就相当于是对蒋先生的背叛，毕竟现在东北军是隶属于国民政府的。然而张学良此时很坚决，他向一荻表明他的立场，他东北军从来不属于谁，而是属于中国，保家卫国才是军人的己任。一荻见他如此坚决，也就只有支持他了，但是心中不免忧虑。

到了约定的日子，却恰逢突降大雪，飞机无法启程，谈判被迫推迟一天。1936年4月9日，张学良不顾严寒的天气和大雾的阻隔，毅然带着少数随从前往肤施与周恩来会面。对于张学良来说，这次会面具有历史性的意义，因为这是他第一次和共产党核心人员的会面，他对共产党的信任及合作的要求都上升到了一个前所未有的高度。

和周恩来的谈话，无非是关于中国生死存亡的大事以及怎样停止内战，合作抗日，怎样才是中国人最好的未来。二人在政治上都是极其具有思想的人，对话一定很精彩，可惜无从考证。只有多年后，一部名为《西安事变》的话剧关于这次对话有提及。在话剧里，当周恩来对张学良说到"我们都是中华民族的优秀子孙"时，张学良说："不，不，我是一个不抵抗将军。"周恩来说："我相信，这个不抵抗将军的名义，你会自己洗掉的；我们也会帮助你洗刷。"接着又说："听说张将军不久前写过一首抒怀的诗。"张学良很惊讶："周先生你也知道吗？"周恩来边笑边念："极目长城东眺望，河山依旧主人非！"张学良说："只是感慨而已。"周恩来则说："张将军，我想借用鲁迅先生的两句诗奉赠：'心事浩茫连广宇，于无声处听惊雷！'"剧本所写未必完全是事实，但在当时那种慷慨激昂的心情之下，《西安事变》剧本的这一段对话，是反映了当时全国人民坚决要求抗战的真实性，也反映了张学良与共产党之间关系逐渐密切，并且有了非常明确的合作意向。

一直以来，张学良对政府的力量寄予了过高的期望，而对人民群众的力量却没有一点觉悟，和周恩来的会谈中，他渐渐明白这是他东北军失败的原因。政府不抗日，人民群众的力量没有充分运用，要拿什么去抗日呢。随后，在深度交谈中，张学良提出了逼蒋抗日的方针，代替共产党从前的"抗日反蒋"，这个建议得到了周恩来的高度重视。张周二人的谈话进行了整整一夜，直至次日清晨周恩来离去。

会谈结束后，张学良非常高兴，恰好远方的朝阳冉冉升起，似乎带来新的希望。一直压着张学良的思想包袱消失了，以中国的大局为重，这是他作为一名军人，作为东北军首领，也是作为一名中国人应该做到的，他知道自己接下来应该怎样做。蒋介石不作为，他就尽自己的力量去逼他作为。而另一方面，对于共产党的了解也变得更加清晰，对于周恩来的个人魅力他也十分赞赏。肤施会谈结束后，他曾多次对下属说："周恩来虚怀若谷，处处以民族利益为重，共产党确实了不起！"

中共中央在这次会谈后，也研究了张学良对反蒋抗日方针的不同看法，并认为其有一定的代表性，便采纳了他"逼蒋抗日"的建议。这一点在当时的文件也可以找到证据，在5月5日发表的东征回师通电中，就没有再提反蒋的字句，而是向"南京政府诸公"提出以兄弟阋于墙、外御其侮的精神，在全国范围内、首先在陕甘停止内战，双方互派代表磋商抗日救亡具体办法。在《关于逼蒋抗日问题的指示》中说："目前中国人民的主要敌人是日本帝国主义，所以把日本帝国主义与蒋介石同等看待是错误的，抗日反蒋的口号，也是不适当的。"还说："在日本帝国主义继续进攻，全国民族革命运动继续发展的条件下，国民党中央军全部或其大部有参加抗日的可能。我们的总方针应是逼蒋抗日。"

张学良靠近共产党的举动实际代表了当时很大一部分中国人的政治取向，不反蒋介石，但是对共产党充满敬畏的同情。整个中国暗涌四起，蒋介石固执的剿共使他的统治同样危机四伏。

1936年春季，红军为了抗日东渡黄河，却受到蒋介石军队的阻拦，秉持着以大局为重的理念，促进国共合作，共产党即刻退军，并发表《停战议和一致抗日通电》，"国难当前，双方决战，不论胜负属谁，都是中国国防力量的损失，而为日本帝国主义所称快。"出于此原因才决定"以此行动向南京政府、全国海陆空军、全国人民表示诚意，我们愿意在一个月内与所有一切进攻抗日红军的武装队伍，实行停战议和，以达到停战抗日的目的。"并慎重地劝告南京政府："在亡国灭种紧急关头，理应幡然改悔，以兄弟阋于墙外御其侮的精神，在全国范围、首先在陕甘晋停止内战，双方互派代表磋商抗日救亡的具体办法。此不仅诸公之幸，实亦民族国家之福。如仍执迷不悟，甘为汉奸卖国贼，则诸公之统治，必将最后瓦解，必将为全国人民所唾弃所倾覆。语云：'千夫所指，无病而死'，又云：'放下屠刀，立地成佛'，愿诸公深思熟虑之。"如此情真意切，怎不令人动容，但是蒋介石却毫不理睬。

张学良看到共产党的所作所为，从心底表示敬佩，也因此对蒋介石愈加不满。中国处于水深火热当中，他怎么可能安心居于将军之位。他内心的苦闷只有陪着他的一荻知晓，现在他们总算可以朝夕相处，内心的苦涩也减轻不少，得一红颜知己，是他张学良之幸啊。

但是他逼蒋抗日的努力却始终未见成效，虽然蒋介石走到哪里，他就找蒋介石谈联共抗日的问题，这样的情况几乎达到每月一次，然而每一次蒋介石都严厉斥责他，表示联共抗日根本不可能。这让张学良异常苦闷。

当时的国民党内部，除了张学良，很多有进步思想的高级将领都希望联共抗日，最突出的比如杨虎城，也就是后来和张学良一起发动兵变的爱国将军。

杨虎城当时是西安绥靖公署主任、第十七路军总指挥的陕西地方实力派领袖，他虽出身贫寒，但是饱经忧患，带有明显的进步倾向，早在辛亥革命时，就参加过反清的革命队伍，以后又加入护国军和靖国军，投身讨袁斗争，反对北洋军阀，支持北伐战争。作为一个拥护孙中山的三大政策、富有爱国思想和正义感的军人，他有一颗救国救民的赤子之心，"西北山高水又长，男儿岂能老故乡。黄河后浪推前浪，跳上浪头干一场。""西北大风起，东南战血多。风吹铁马动，还我旧山河。"从他早年所做的这些充满革命激情的诗里，不难看出他是痛感社会黑暗、国事如麻，而迫切希望"勘定祸乱、万姓鼓舞"的。"九·一八"事变爆发后，他又增加了一层忧虑，对日寇的疯狂侵略也特别愤慨，所以在1933 年，当日本帝国主义占领我热河省、华北危急、平津危急时，他曾向蒋介石要求将十七路军开赴华北抗日。当冯玉祥、吉鸿昌等在察哈尔组织抗日同盟军时，杨虎城不仅声援，而且资助大批弹药。1936 年绥东抗战，杨虎城又多次请缨杀敌。一次再次的爱国要求，都被当局拒绝，引起了他极大的不满，对蒋介石的独裁统治和攘外必先安内政策，他也一直是反对的。

共产党为了实现联合抗日，很注重对国民党内部进步军官的宣传，因此，也几经波折与杨虎城取得了联系。同在陕西的张学良与杨虎城也因此成了惺惺相惜的朋友。

奇怪的现象出现了，陕西与其他省份相比，救亡运动活跃得多，各种提倡民主、宣传抗日、反对内战的思想也在群众之间流传甚广，不管是青年学生还是民主人士，都敢于议论国事。

众所周知，蒋介石对特务给予重用，陕西出现的"精神向北（即陕北）"的现象让他非常恼火，于是加强了特务对陕西的监视，包括对张学良及杨虎城二人的监视。张学良与蒋介石之间的矛盾更深了，当时，东北军和十七路军中秘密流传着宣传抗日救国的刊物《活路》，而张学良默许了这一行为，可见他心中对抗日的民族大义和对蒋介石的忠诚之间已经做出了选择。

虽然他依然坚持着"逼蒋抗日"的方针，当时蒋介石拒不合作的态度迫使他不得不想新的方法。这期间，他与共产党之间频繁通电联系，而这些电文大多是赵一荻拟写的。情知张学良在做危险的事，但是为了抗日，一荻非常支持张学良，也尽自己的力量帮助他，她的心里，他是一个英雄，一直都是。作为一名女子，一荻的忠贞与勇气，智慧与深明大义，也不得不令人佩服。

逼蒋抗日的努力没有成功，更大的考验即将来临。整个中国被日寇掀起了腥风血雨，他们又怎么可以独善其身呢？

# 一触即发箭在弦

　　自古乱世出英雄，烽火铸传奇。沙场上的铮铮铁骨，情场上的旷世缠绵，是最浪漫的人格。然而，对于后世而言的浪漫，对于他们，却是在痛苦中的挣扎。太尖锐的人格，自然可贵，却也因此遭受更多的苦难。就像被蒋介石领导的张学良，却偏偏不愿遵从蒋介石的意思，时刻以救国为己任，他所要承受的，关于兄弟情义，关于民族大义，关于军人天职之间的舍取、选择，让他长时间地陷入痛苦的深渊。

　　准确地说，对于张学良而言，从"九·一八"事变之后，他的地位就一直是尴尬的，"九·一八"之前，他是少年英雄，年轻气盛，能力超群，"九·一八"之后，他是不抵抗将军，终日纠结于剿共之事，不得民心，也实现不了保家卫国、收复家园的梦想。然而，受命于国民政府，他这尴尬而又苦闷的处境，似乎将会遥遥无期地延续下去。

　　这样的处境之下，对于他来说最大的安慰，就是赵一荻长久的陪伴了。陪伴，是最长情的告白，现在是这样，遥远的曾经也是这样。从外国跟随张学良回国的，是赵一荻一人，而于凤至依然留在海外，一荻没有名分，却要照顾张学良的饮食起居，还要帮他处理各种政务，此时的张学良虽说很得宠幸，但是行动却是被迫的，一荻陪着他，很辛苦，而张学良与共产党的秘密联络更使知情的一荻陷入危险之中。

她不是他的妻，却与他同甘共苦，不离不弃，有红颜如此，夫复何求。

彼时，张学良正因为"两广事变"的发生忧虑不已，一方面，他为有人公开反对蒋介石，提出北上抗日感到高兴，另一方面，"两广事变"的发展似乎并不如意，他也只能旁观。1936 年 6 月发生的两广事变，又称"六一"事变或"西南事变"，是由粤桂两大军团中的陈济棠、李宗仁在广州发起，他们痛斥"九·一八"事变后日本军对中国土地的践踏，决定率所部北上抗日，收复失地。并致电南京国民政府，请求准许粤桂部队北上。然而遭到蒋介石的反对，张学良虽身在西安，但是对南国"两广事变"的发展十分关心，然而僵持不到一个月时间，广东将领、飞行员纷纷向南京政府投诚，"两广事变"宣布失败。

谁都没有想到，蒋介石可以不动干戈就使力量强大的粤桂两大军团投诚。张学良感到难过，也对与共产党的合作产生了一瞬间的犹豫，他希望复兴东北，可是，作为东北军的将领，他也需要为东北军的未来考虑，和两广军队相比，无论是他的东北军还是杨虎城的西北军都相比较弱，他不能冒险，不能拿东北军的未来冒险。

与共产党合作带给他希望的火苗似乎一下被浇灭了，他重新陷入了深深的苦闷，尽管一荻一直在旁边开解他，可是他依然无法像之前那样，拥有坚不可摧的决心。如果说，从历史的角度看，张学良身上有无法避免的局限性，那么我觉得，从人性的角度看，他的缺陷使他的人格更充满魅力，因为他心系东北军，他在乱世中也有挣扎、痛苦和迷惘，也会犯错，也会不堪重负，他是一个有血有肉的人。

8 月，张学良收到中共中央的信件，内容是要求东北军立刻配合红军发动有力局势，他感到为难，他不希望东北军像粤桂两大军团一样，于是称病拒绝接见中共中央使者，同在陕西的杨虎城将军几乎和他的做法如出一辙。当时，中央派来的使者叫潘汉年，张学良一直躲避着他。潘汉年是一个非常睿智的人，他说，"如蒋坚持剿共，就不会原谅张之联共，到时反蒋不成，东北军就成了俎上肉。"张学良方重新下定决心，明白自己已经无路可退，东北军的未来不能掌握在蒋介石的手里，不能不为抗日出一份力啊！

1936年9月，张学良代表东北军与中国共产党签订《抗日救国协定》，从此正式结束敌对状态，中国工农红军、张学良的东北军、杨虎城的西北军形成了拥护民族统一战线的"铁三角"。一个军阀的儿子，一个新的军阀统治者，几经波折，最后居然走上了群众路线，与代表最广大人民的中国共产党缔结契约，张学良的胸襟和气量，不得不让人佩服。

此后，张学良向红军提供了大量的过冬棉花，药品、新鲜食物等物资，解决了红军过冬的燃眉之急。而他自己呢，不但接受并积极学习共产主义思想，还向第三国际提出加入中国共产党的申请，但由于他的父亲张作霖有杀共历史，入党申请被拒绝。

在张学良加紧与共产党合作的时候，蒋介石也加紧了对他和杨虎城剿共的催逼。由于西北剿共工作毫无进展，蒋介石在10月赶赴西安考察。

蒋介石的到来让张学良感到十分不安，他的骨子里是军人，军人，当以忠义为先，忠，即是保家卫国、抵御外辱，义，则是忠于职守、重情重义。与共产党合作，是出于忠，却也违背了他的"义"，他与蒋介石是结拜兄弟，不管当初结拜是出于政治目的还是什么，蒋介石对他一直相当不错，给他权力，委以重用。

蒋介石到来之前的夜里，他竟到了无法入睡的地步，庆幸的是，在如此苦闷的时候，他依靠的是赵一荻，而不是曾经沉迷的毒品。

一荻开导他，温柔地安慰他。一荻也有一颗爱国心，但她似乎永远比他清醒，比他镇定。这样真好，就算在特殊时期，他们没有机会抛开一切取悦对方，可是他们永远是在一起的，不管多么艰难，都是在一起的。一荻永远是他的安慰，而他，是一荻永远的归宿。

蒋介石此行的目的很明显是督促张学良和杨虎城剿共，然而见到他们之后，他却对剿共只字不提，反倒颇有兴致地邀请张学良、杨虎城陪他登华山，游览名胜古迹。

"偶来此地竟忘归，风景依稀梦欲飞，回首故乡心已碎，河山无恙主人非。"

这是张学良随蒋介石登华山所做的诗《华山》，诗中苍凉的意味浑然天成，可见张学良此时心境之痛苦。

华山之巅，河山大好，主人非。

而他身边的蒋介石，此时心中，更多是为剿共之事担忧吧，他更在意他的权势。

这是一位将军和一位统治者的区别吗？

每个人都有自己的思虑，没有胜败，没有懦夫，每个人都想做自己的英雄，每个人都要接受人性与天性的考验，面临着更艰难的抉择。

游览自然是幌子，结束之后，蒋介石一改之前的笑脸，立刻要求张学良和杨虎城加紧剿共事宜。

张学良既然已经和共产党签订了合约，自然不会再遵从蒋介石的指示，在之前给蒋介石的电报中，他就曾说："居今日而欲救亡图存，复兴民族，良以为除抗日外，别无他途。比来寇入益深，华北半壁河山，几全沦陷，而多数民众咸感觉忍无可忍，抗日声浪，渐次弥漫于全国，中枢（有）领导民众之责，似应利用时机，把握现实，坚民众之信仰，而谋抗敌之实现。否则民气不伸，骚动终恐难免。彼时中枢或反处于被动地位，其失策孰甚！良年来拥护统一，服从领袖，人纵有所不谅，我亦矢志不渝，固为分数当然，情不自已，亦以深仇未复，隐痛日甚，愧对逝者，愧对国人。所日夜隐忍希冀者，唯在举国一致之抗日耳。"

然而，和以前的任何一次一样，他遭到蒋介石的训斥。

此次蒋介石来西安，张学良自然不会放过这个机会，他向蒋介石晓以利害，声泪俱下地痛陈祖国饱受凌辱，士兵渴望保家卫国的现状，请蒋介石将抗日的事情摆在剿共之前，开始蒋介石依然执迷不悟，要求他加紧剿共，对军心不稳一事毫不顾忌，也许在他的心中，军人，便是以服从为天职，他是最高统治者，西北的广大军民能奈何？

与杨虎城将军谈话时，杨虎城也提到"部队抗日情绪高，剿共士气低，值得忧虑"的问题，蒋介石依然坚持自己的观点，杨虎城便不敢再去申辩，张学良却不死心，依旧和蒋介石争论，虽无果，但是蒋介石和张、杨二位将军竟也开始有了芥蒂，他并未采纳张学良的建议，反而是对西北地区剿共军官进行了一场演讲。在他的心里，一直坚信，风吹草动，兵随将走，军官们的思想端正了，士兵们的心也就稳定了。

这一天是 1936 年 10 月 27 日，蒋介石在张学良和杨虎城两位将军的陪同下乘汽车来到西安郊区的王曲军官训练团，准备向训练团军官讲话。到会的人很多，除了军官训练团全体成员外，还有西北"剿总"和十七路军总部以及驻西安各部队团长以上的军官。

如此隆重的一次会议让到会的军官暗暗猜测蒋委员长的目的，他们希望听到的是对抗日的号召，剿共之事进行几年了，红军反而日益壮大，这场战争似乎无休无止，他们作为军人，眼睁睁看着自己的家园被毁，却不能做任何事，他们的价值何在？然而，蒋委员长让他们失望了。

蒋介石站在主席台上，从一开口到最后结尾，讲的全部都是动员剿共的内容，从军人的礼义廉耻到国家的战争风云，他引经据典，侃侃而谈，主题始终是攘外必先安内。

在日寇步步逼近的时候，蒋介石的这种行为无疑是不明智的，他盲目自信，对中国情势判断严重失误。讲话结束后，西北地区军官怨声载道，愤慨不已，情绪十分激动，后来在张学良的安抚下才没有发生更大的事故。

蒋介石的西安之行可谓是无功而返，他很快离开西安去了洛阳。然而此时他依然认为剿共是最重要的事情，于是对日益高涨的抗日救亡群众运动采取暴力镇压方式，比如之后发生的"七君子事件"，即 11 月南京国民政府逮捕七位抗日救亡运动救国会领导人，并查封一批进步刊物。民间不满之声日益高涨，而蒋介石却在洛阳筹备内战。张学良曾去洛阳拜访蒋介石，再次劝他"停止内战，一致抗日"，但仍然被回绝和斥责。

12 月 4 日，在洛阳做出新的军事部署后，蒋介石带领大批高级将领由洛阳再度乘车来到西安。然而五天之后，12 月 9 日，也就是著名的"一二·九"运动一周年纪念日，在中共抗日救亡的号召和红军长征胜利的鼓舞下，北平学生数千人举行了大规模的抗日救亡示威游行，示威学生愤怒高呼："打倒日本帝国主义""反对华北自治运动""停止内战，一致对外"等口号，却遭到国民党军警的镇压。对北平学生的同情和对国民党暴行的愤怒掀起了更加广泛的抗日救亡运动。西安的爱国青年学生也举行了盛大的游行，并得到张学良、杨虎城的支持。鉴于蒋介石对学生运动的反对态度，张学良唯有劝诫学生停止游行示威，减小纪念大会规模。

然而西安学生一腔热忱，依旧按照计划举行游行，还准备去蒋介石的住所去请愿，要求政府以民族的生死存亡为先，停止内战，一致抗日。结果，受到武警的暴力镇压，甚至有学生被打伤。

群情更加激愤，爱国学生们不顾天气严寒，不顾蒋介石在前面架起的机枪，张学良闻讯赶来，劝阻学生们继续做无谓的牺牲。学生们悲愤陈词，欲罢不能，万众痛哭，场面动人心弦。张学良也不禁流下眼泪，并向群众倾吐了自己的肺腑之言，表示坚决支持青年学生的爱国行动，他一定会抗日的，并会在一星期内用事实做出回答，学生们这才列队回城。

学生们的爱国游行被蒋介石当作叛乱并且实施暴力镇压，这让张学良彻底对蒋介石失去了信心，对他的最后一丝幻想也破灭了。

西安的局势变得更加危机重重，张学良这次真的下定决心，当机立断，他与杨虎城推心置腹地谈这件事，决定采取特殊方法"逼蒋抗日"，虽说蒋介石也在计划抗日之事，但是他的决心不足，又永远把抗日放在剿共之后，而百姓处在水深火热之中，日寇逼近，抗日刻不容缓。

所谓的非常手段，便是将言谏改为"兵谏"。

危机重重的西安古城，一场更大的风雨即将来临。

# 西安事变天下惊

　　"西安事变"，又被称为"双十二"事变，是"中华民国"国民政府一场内部政变行动。1936 年 12 月 12 日，时任西北剿匪副总司令的东北军领袖张学良和时任国民革命军第十七路总指挥的西北军领袖杨虎城在中国西安发动"兵谏"，扣押时任国民政府军事委员会委员长和西北剿匪总司令的蒋介石，并杀害保安人员、中央机关人员。最终蒋介石被迫接受"停止剿共、一同抗日"的主张而获释，迫使国民政府放弃"攘外必先安内"基本国策，抗日统一战线形式上建立。

　　这段文字，将发生在 70 多年前的那桩惊天动地的大案简单明了地描述出来，然而其中的血泪是无法描述的，"西安事变"，从筹划到实施，到最后蒋介石被迫同意联共抗日，这中间，包含着多少人的牺牲、血泪和爱国的赤子之心。

　　戒心极重的蒋介石虽然身边并未带重兵保护，但是他不愿住在西安城区，担心受到情绪激动的群众的伤害，而且城区是杨虎城将军管辖的范围，由此可见，此时他对杨虎城已经非常不信任。

　　当时蒋介石住在离西安 25 公里远的临潼华清池，也就是白居易在《长恨歌》中"春寒赐浴华清池，温泉水滑洗凝脂"所描述的华清池。华清池风景秀丽，由东北军驻防。然而蒋介石却没有闲情逸致欣赏这里美丽的景色，他在此住下之后，出于戒备，就对当地的百姓和东北军严加管制，自己也是深居简出，十分注重个人安全。

在这种情况下，"兵谏"是很难进行的，然而在张学良和杨虎城的严密部署下，还是在 12 日成功完成了"临潼扣蒋"。

蒋介石的愤怒自然是可以想象的，他虽然在抗日问题上和张学良有争议，但是总体是还是比较信任他的，他怎么样也没有想到，张学良居然有胆量做这种在他看来大逆不道的事情。

12 日凌晨，在张学良正忙于在临潼活捉蒋介石的时候，西安城内一片寂静，赵一荻独自待在家中，她抱着少不更事的闾琳彻夜难眠，城外还有枪炮声响起，一荻知道张学良正在做他想做的大事。从"九·一八"之后，她陪张学良出洋，然后回国，这么多年，张学良一直违背自己的意志忙于剿共之事，他们不能像初遇时那样无忧无虑地在一起，而是背负着沉沉的压力，一荻也不再是当年青涩的少女了，她陪在张学良身边，虽然没有名分，但是能帮到他，她也就安心了。

临潼扣蒋之后，一荻为张学良亲笔起草了一封电报，是发给毛泽东和周恩来的紧急电报，"东、来兄：吾等为中华民族及抗日前途利益计，不顾一切，今已将蒋及重要将领陈诚、朱绍良、蒋鼎文、卫立煌等扣留，迫其释放爱国人士，改组联合政府。兄等有何高见？速复。并将红军全部集中环县，以便共同行动，以防胡敌南进。弟毅文寅。"

密电是经过张学良改过的，电中的胡即指胡宗南，是张学良在陕西最大的险敌，毅即指李毅，是张学良的化名，文寅即是 12 月 12 日晨 3 时至 4 时之间。

一石激起千层浪，12 日晚上的临潼扣蒋让全国人民的心为之震动，人民不清楚政局的动荡，但是张学良的行为却是深得人心的。

事变发生的当天上午，张学良和杨虎城两位将军向全国和南京政府发出通电，提出八项救国主张。在此之前，他到西京招待所向被扣留的南京军政要员说明情况，表示这次行动完全是为了国家民族，绝对不关个人利益，一俟达成一定的协议，他们以及委员长都可以返回南京。

张学良通电全国的文稿感人肺腑，他当众宣读东北军的八项主张。

东北沦亡，时逾五载。国权陵夷，疆土日蹙，淞沪协定，屈辱于前，塘沽何梅协定，继之于后。凡属国人，无不痛心。近来国际形势豹变，相互勾结，以我国家民族为牺牲。绥东战起，群情鼎沸，士气激昂，丁此时机，我中枢领袖应如何激励军民，发动全国之整体抗战。乃前方之守士将士浴血杀敌，后方之外交当局仍力谋妥协。自上海冤狱爆发，世界震惊，举国痛愤，爱国获罪，令人发指。蒋委员长介公受群小包围，自绝民众，误国咎深。学良等涕泣进谏，屡遭重斥。日昨西安学生举行救国运动，竟唆使警察枪杀爱国幼童，稍具人心，孰忍出此！学良等多年袍泽，不忍坐视，因对介公为最后之诤谏，保其安全，促其反省。西北军民一致主张如下：

（一）改组南京政府，容纳各党各派共同负责救国；

（二）停止一切内战；

（三）立即释放上海被捕爱国领袖；

（四）释放一切政治犯；

（五）开放民众爱国运动；

（六）保障人民集会结社一切政治自由；

（七）确实遵守总理遗嘱；

（八）立即召开救国会议。

以上八项，为我等及西北军民一致之救国主张，望诸公俯顺舆情，开诚采纳，为国家开将来一线之生机，涤以往误国之愆尤。大义当前，不容反顾，只求于救国主张贯彻，有济于国家，为功为罪，一听国人之处置。临电不胜迫切待命之至！

电文集结了张学良、杨虎城和各位南京政府高级官员的签名。而南京国民政府则是炸开了锅，群龙无首，对待这件事上意见也不统一。主张发兵讨伐，认为"不能过于瞻顾蒋公之安全，置国家纲纪于不顾"的虽居多数，但是也有一部分人认为这个事件不可诉诸武力，比如宋子文和宋美龄，他们认为内战发生会影响英美在华利益，更害怕因此置蒋介石于死地。当然最主要的是，先应弄清事情真相和蒋在陕情况，再定"万全之策"。

由于主战派居多数，所以仍决定讨伐，并任命何应钦为讨逆军总司令，发布"讨伐"，定要"扫荡叛逆，以靖凶氛"。

而另一方面，"西安事变"爆发后，张学良、杨虎城曾分别致电或派出专人与各地实力派联系，寻求支持。当时各地方军阀因为惧怕如果蒋介石不倒台会进行报复，所以多数持观望态度，不敢明确表示支持张、杨。但也有支持正义、态度较为明朗者，"虽救人自溺，在所不惜"而明确表示支持的，这便是两广。

17日，赵一荻又替张学良亲笔拟写一份密电，是为了防止国民党军队向西安逼近。根据张学良的口述，一荻拟写电文：

东、来兄：电均奉悉。联军以抗日救亡之目的，现集结主力于渭南方面准备抗战。以一部于兰州、平凉、固原、西峰镇一带，对胡、毛等施行戒备。希贵军主力旨（驻）环县、豫旺以北地区，一部在肤施，甘泉附近对胡、毛、曾、汤等，不使其联络并极力向北压迫，以掩护本军后方之安全，并盼饬陕南之陈先瑞向卢氏、灵宝一带出击，扰敌之后方。现此间诸事顺利，一切恩兄来后详谈。再国际对西安一二一二之革命有何批评，乞告。

一荻文笔犀利，张学良的绝密电文绝大多数都是由她亲手拟写，一是因为一荻的能力出众，二则是因为张学良对她绝对信任。

扣押蒋介石之后，如何处置他是一个最大的难题，毕竟蒋介石现在还是中国国民政府最高统帅，他的安危关乎中华民族的未来命运，而此时，如何处置蒋介石是各方力量的较量。

南京方面，主战派依然声嘶力竭，决定以武力讨伐张学良和杨虎城。后来是由于蒋鼎文从西安飞回南京，面交蒋介石的信函，又带来蒋介石的口头命令，南京方面才不得不下令停止轰炸。但是对于宋美龄提出的她要和宋子文同去西安谈判以救蒋的提议还是坚决反对。

周恩来就是在这样一个各种矛盾相互交错、形势发展变幻莫测的时刻来到西安的，他是代表中共中央来处理"西安事变"的，虽然"西安事变"对中共中央来说是非常有利的一件事，但是如果处理不好后果会非常严重。

以周恩来为首的中共代表团一下飞机，就立刻与张学良会面，并就"西安事变"的大政方针进行商谈。中共希望在蒋介石同意一致抗日之后，送他回南京。

起初张学良对周恩来的提议吃惊不已，他无法相信，蒋介石对红军做了这么多残忍的事，他们居然可以以国家利益为重，安全释放蒋介石。

张学良认真考虑了周恩来的建议，并和杨虎城认真讨论，最终达成共识，红军决定加入西北抗日联军，三方更加团结。经过张学良、杨虎城和周恩来等革命党人艰苦卓绝的工作，孔祥熙、宋美龄、宋子文等人的积极斡旋和蒋介石的反省，事变终于得以和平解决，使中国现代历史由此发生了重大转折。

张学良、杨虎城、周恩来以团结抗日和国家民族利益为重，在12月23日上午，与宋氏兄妹在西安金家巷谈判，因为此时关乎多方利益和中华民族的命运，所以直至24日他们仍然在谈判，宋美龄也参加了。经过多方博弈，谈判最终完成。

谈判的结果是：（一）由孔祥熙、宋子文组织行政院。宋负责并组织使各方面满意的政府，肃清亲日派。（二）中央军全部撤离西北，宋子文、宋美龄负绝对责任。蒋鼎文即携蒋介石手令飞洛阳办理停战撤兵的事。（三）蒋回京后释放"七君子"；西安方面可先发消息，宋子文负责办理释放事宜。（四）苏维埃、红军名称照旧。宋氏兄妹担保停止剿共，由张学良负责接济红军。抗战爆发后，红军改番号，统一指挥，联合行动。（五）先开国民党中央全会，开放政权，再召开各党派救国会议，不开国民代表会议。（六）政治犯分批释放，具体办法与宋庆龄商定。（七）抗战爆发后，共产党可公开活动。（八）联俄，并与英、美、法联络。（九）蒋回京后通电自责，辞去行政院长职务。（十）西北军政由张、杨负责。

此外，关于宋子文要求送蒋介石回南京，张学良表示再考虑。

晚上，宋氏兄妹与周恩来去见蒋介石，周恩来向蒋介石表示，只要蒋介石愿意停止内战，不但他个人可以听蒋介石的话，红军也可以听蒋介石指挥。

"西安事变"至此完成了和平协议，宋子文、宋美龄希望张学良尽早释放蒋介石。25日，张学良不顾周恩来及东北军将领的反对，坚持亲自送蒋介石回南京。在周恩来、博古联名签发的致中共中央的电报中说："宋（即宋子文）坚请我们信任他，他愿负全责去进行上述各项（即达成的协议），要蒋、宋（宋美龄）今日即走。张亦同意并愿亲身送蒋走。杨及我们对条件同意。我们只认为在走前还须有一政治文件表示，并不同意蒋今天走、张去。但通知未到，张已亲送蒋、宋飞往洛阳。"

虽然张学良去南京受到多方面的阻拦，包括赵一荻。她劝张学良不要去南京，蒋介石的心计非他所能想象，然而张学良非常固执，大概是因为"西安事变"和平解决，他希望向蒋介石表示自己的诚意和歉意吧。

周恩来和杨虎城也对张学良百般劝阻，然而张学良却坚持去南京，他信任蒋介石，认为他绝对不会伤害自己。周恩来认为此事值得商榷，但是蒋介石以自己和妻子宋美龄是基督徒，要回南京过圣诞节。逼蒋抗日的目的已经达到，心性纯良的张学良自然不会拒绝。

张学良自然有他自己独特的考虑，他是光明磊落的，他坚信他以民族利益为重，不计个人得失，蒋介石既然已经答应联共抗日，肯定会不计前嫌，这和杨虎城后来游欧归来一样，他们都是怀着一颗难能可贵的赤子之心，可是这些不为人们所理解，一荻也不能理解，她只是担心他，她毕竟是一介女子，在这样的事情面前，她拿不了主意，她能做的，只有担心他，尽力保护他的安全。可惜，张学良谁的话都听不进。

在张学良离开西安的时候，周恩来还曾驱车去追赶，可惜赶到机场的时候张学良已经登机。

后面的事情就是我们耳熟能详的了，张学良送蒋介石回南京，结果被扣押在南京，从此开始了大半生的悲剧。

1937 年 1 月 1 日，在张学良送蒋介石抵达宁横遭审判的第二天，刘少奇在《"西安事变"的意义及其以后的形势》中写道："有些同志当西安事变和平解决后，张学良跑到南京请罪时，表示悲观，认为张学良是投降了蒋介石，这一种认识是不对的。张学良的认错与请罪，对于南京与各地的左派有很大的帮助。对于争取中派也有很大的帮助，而对于右派借以鼓动内战的口实，则给以取消。张学良在南京的行动，是有助于团结全国抗日，停止一切内战的方针之实行的。这不是表示张学良的无耻与投降，反而表示张学良为着团结全国抗日停止内战而不惜牺牲个人的忠诚。张学良是请罪了，西安事变的一切责任他担负了，剩下来的还有什么呢？那就只有南京政府要执行真正足以满足全国人民愿望的抗日救国政策。"

这样说来，张学良的南京之行虽直接造成了个人的悲剧，但是对于国内和平的意义重大。两个月后美国女作家史沫特莱访问陕北苏区，在延安会见毛泽东时，毛泽东也谈过，"西安事变中，国内一部分人极力挑拨内战，内战危险是很严重的。如果没有 12 月 25 日张汉卿先生送蒋介石先生回南京一举，……则和平解决就不可能。兵连祸结，不知要弄到何种地步，必将给日本一个最好的侵略机会，中国也许因此亡国，至少也要受到极大的损害。"

张学良一人承担所有罪责，内战结束了，抗日开始了，开始，他却再也没有机会圆自己的梦想，他不能上战场，不能打日寇，不能再做一位爱国将军该做的事。

可是，他用自己的力量扭转了历史，他是伟大的，因为"西安事变"，他永远不朽。

# 严加管束失自由

1937 年 1 月 12 日黎明，一架大型波音客机从英国伦敦起飞，云海茫茫，前途渺渺，未来不可预知。

飞机在云端，向着遥远的祖国大陆飞行，迎来绮丽的曙光。

然而飞机中的于凤至，心里却怎么也见不到一丝阳光。

五年了，她离开祖国五年了，也离开她的丈夫五年了，没想到，再次回来，竟然是因为如此紧迫的情况。

张学良被扣押在南京，在法庭审理的过程中，被加上了很多罪名，其实谁都清楚，这不过是蒋介石的报复而已。作为一国领袖，蒋介石的行为引起人民群众的不满，但是"西安事变"他被扣押，不仅国民政府尊严扫地，他更被迫放弃剿共，这让他无法忍受，当然不可能原谅张学良与杨虎城。

军法审判结束后，张学良便离开北极阁宋子文公馆，迁往南京太平门外孔祥熙公馆。孔公馆是一个豪华而幽静的宅院，被掩映在枝叶繁茂的花草树木之中。张学良被带到这里之后，一直被单独关押在二楼的房间里，重兵把守，不许他见客，也不许他出门。

由一位高级将领沦为阶下囚，心里落差是一般人无法理解的，张学良刚刚被囚，他无时无刻不感到煎熬和痛苦，他不知道，这样的幽囚岁月将要持续多久。

由于焦躁，张学良每天都在房间内走来走去，就像刚刚被关进笼子的雄狮，坐卧不宁，恨不得立刻冲破铁窗，飞回西安。

据当年做过看守张学良工作的邱秀虎回忆，那时，"在张房门口监视的警卫，发现张在睡觉时把身上穿的一件背心脱下来垫在床上，身子就睡在这背心上，便认为这背心里一定藏有什么秘密，或者藏有武器，但又不敢公开检查，当向负责的特务反映后，他们便派宪兵特高组的一个组员，在张睡后翻身时去检查。当这个特务偷偷摸摸去检查时，什么东西也没查到，却被张将军发觉。张非常不高兴，大声对这个特高组组员说：'你们真缺德！真缺德！'"

由此可以看出张学良当时的焦躁和特务们对他防范之严格。

孔公馆是一个非常秘密的地方，张学良被关押在这里，就像人间蒸发一样，他的朋友、部下想来看望他，根本就不知道他在哪里。虽然蒋介石因此受到全国人民的非议，当时他压根就没有释放张学良的意思。

与丈夫分离五年的于凤至，并不是很清楚事态的发展，一回国，在赵一荻那里了解情况后，她坚决不相信蒋介石会软禁张学良，她亲自飞去南京找蒋介石谈判，可是令她失望和愤怒的是，蒋介石根本不愿意释放张学良，甚至打算长期软禁他。

一怒之下，于凤至提出要陪伴张学良，竟获得批准，她原本认为蒋介石过一段时间就会让步，毕竟张学良现在被全国人民当作是爱国英雄，蒋介石不会与全国人民作对。然而她想错了。

从被关到孔公馆之后，到后来形势变化辗转各地，张学良一直处于被软禁的状态，而于凤至也一直跟随，他们生活的条件非常艰苦，当时蒋介石始终没有释放张学良的意思，当然这些都是之后的事。

而在张学良被扣押的时候，蒋介石也并未减轻对西安的压力，在1937年1月1日的会议上，虽然决定"以政治为主、军事为从方略，以解决西北问题"，实际不仅没有撤兵，反而继续以重兵进逼西安。

蒋介石想用这种方式给担心张学良命运的西安军民以压力，造成一种大军压境的形势，使西安内部发生分化，迫使杨虎城等无条件听从他，进而控制整个西北。

张学良在南京被扣押的消息引起西安人民的极度恐慌，杨虎城非常担心，于是想派人去南京一趟。然而他的努力很显然是徒劳的，为了营救张学良，使他早日获释，杨虎城也曾直接致电蒋介石，一方面对他特赦张学良表示感戴，一方面也郑重地提出：“今张副司令虽已躬邀特典，尚未恢复公权，虽欲图功，安由自效。”还说，“张副司令一日不归，即西北军民一日不安。”

蒋介石当然不会理会杨虎城的请求，对于他来说，顾及兄弟情义迫使他做出的最大让步，就是特赦张学良，没有处死他。当初军法审判的时候，情绪激烈的蒋介石准备处死张学良，后来在多方力量的阻挠下才作罢，这其中最大的功臣，则是他的妻子，宋美龄。

宋美龄作为国母，是一个非常有政治头脑的女人，张学良不能枪毙，这一点她比蒋介石看得清楚，当然，保护张学良大概也有出于私人关系的偏袒，她和张学良素来交好，年轻时就曾相识，张学良在后来的回忆录中表示，如果不是遇见宋美龄时他已经有了家室，就一定会追求她。张学良一生敬爱宋美龄，而宋美龄，也把张学良当作作很好的朋友和一位值得尊敬的将领。

在“西安事变”发生时，宋美龄为了稳定张学良的情绪，保护蒋介石的安全，曾给张学良发了一封电报，“昨在沪上，惊悉西安兵变，即晚来京，接奉文电，深以为慰。吾兄肝胆照人，素所深佩，与介兄历共艰危，谊同手足。在沪未接电前，已知其必承吾兄维护，当决无他；来京获读尊电，具见爱友之赤诚，极为感慰。惟精诚团结，始足以御侮抗敌；沉着准备，乃足以制胜机先。介兄自‘九·一八’以来，居处不宁，全在于此。吾兄久共军机，素所深悉。凡吾兄有所建议，苟利国家，无不乐于采纳。介兄以地位关系，不得不加以慎重，藉避敌人耳目。吾兄贤明，当必深谅此意。我国为民主制，一切救国抗敌主张，当取公意。只要大多数认以为可，介兄个人，当亦从同。昨日之事，吾兄及所部将领，或疏于一时之情感，别具苦衷，不妨与介兄开诚协商，彼此相爱既深，当可无话不说。否则别生枝节，引起中外疑惧，不免为仇者所快，亲者所痛，想吾兄亦必计及于此。至如何安慰部曲，消弭事端，极赖荩筹。介兄一切起居，诸祈照拂，容当面谢，并盼随时电示一切为荷。蒋宋美龄叩。元。"

这封电报写得让人着实敬佩，无懈可击，可见宋美龄作为第一夫人的智慧。

而在南京审判张学良的时候，宋美龄也一直劝蒋介石以国家利益为重，考虑多方面因素，从轻处理。正是因为这样，张学良才得以幸免一死，可惜他永远也得不到释放，幽囚生涯漫漫无涯。

张学良被囚不久之后，其妻子于凤至就坚持在雪窦山长期陪监，远在西安的赵一荻也飞去了南京，可是她一直没有机会见到张学良。

一荻独自居住在上海的小洋楼中，她感到孤独和无助，自己当初无法阻止张学良去南京，现在也无法以他的妻子的身份去见他和陪伴他。从豆蔻年华遇见他，全身不顾地扑向他，为他放弃家庭，放弃一个女子的名分，为他冒着生命危险抚育儿子，她就决定一生不与他分离。可是现在，偏偏现在，她无法见到他，她甚至不知道，什么时候可以再见到他，会不会一辈子再也见不到他了。

她也曾去南京游说高官，为张学良获得自由而奔走，但是毕竟她只是秘书身份，不能公开去见一些政要，即使见到了，对事态的发展也不能起到什么作用。后来，她辗转于上海、香港，尽管没有放弃对张学良的希望，可是她一介女子，又能做什么呢？

震惊天下的"西安事变"，让张学良和杨虎城两位将军流芳千古，可惜，两人的结局都令人扼腕。相比之下，半生幽囚的张学良还是幸运的那一个。

同为"西安事变"领导者的杨虎城，在"西安事变"和平解决之后，被蒋介石勒令出洋，赴欧美考察。"七七事变"发生后，杨虎城将军响应全国人民"共赴国难"的号召，不顾个人安危，毅然携家眷返回祖国，本以为自己一片赤子爱国心可以得到蒋介石的谅解，没想到蒋介石得知他回国，立刻派人软禁了他及他的家人，从此他和张学良一样，沦为囚徒。

由于家眷都在身边，杨虎城虽然没有张学良那么孤独，但是他们的生活更加艰苦，而且他儿子的教育问题让他感到非常头疼和难过，作为一名将军，他甚至不能送自己的孩子去念书，因为军统为了防止走漏消息，不许他送儿子上学，连后来他申请给儿子买百科全书都过了好久才得到允许。1941 年，他的妻子又为他生了一个女儿，给他们苦闷的生活带来一丝喜悦，可是安慰是暂时的，他的妻子在长期的刺激下精神失常，这让杨虎城痛苦不已。杨夫人没有得到医治，又经常受到特务有意或无意的刺激，病情日益严重，在 1947 年饮恨长辞。

妻子的去世给杨虎城很大的打击，这位令人钦佩的爱国将领，他想做的，不过是保家卫国，却没想到，落得如此下场，他感到悲愤、痛苦，终日抱着幼女，老泪纵横，饮食锐减。他原来声音非常洪亮，每次饮酒划拳，声震山谷。这时声音变得低沉，身体也消瘦下来。

然而即使落魄至此，他终究是没有等到蒋介石原谅他、释放他的那一天。

两年之后，也就是 1949 年 9 月 6 日，杨虎城将军和他的幼子、幼女，他的秘书宋绮云夫妇和幼子，在蒋介石亲自策划下，全部被惨杀于重庆歌乐山半山坡上的戴公祠。

政客的心狠至此，像古代独裁者的灭门，连坏人都知道"祸不及妻儿"这一原则，他们却连小孩子都不放过。

政治上的事情，多么变幻莫测，不是像张学良和杨虎城这样，用一颗军人的爱国赤子之心就可以面对一切，一个"西安事变"，一份抗日大业，牺牲了多少无辜的人。

如此，张学良与杨虎城相比，虽是半分凄凉，半分孤寂，但还是幸运许多。

被囚禁一段时间，张学良也唯有慢慢接受现实，只是希望蒋介石可以早一点回心转意放他离开。抗日开始了，他的使命也完成了，唯一让他放心不下的，就是一荻了。

她为了自己与家人决裂，她只有自己一个亲人，现在自己被软禁，她难道要一个人带着孩子漂泊吗？

从孔公馆被转移到奉化溪口的雪窦山后，他曾短暂地见过一荻一次，于凤至获得批准陪监，而一荻却无法经常来探望。还好此时可以自由通信，虽然所有的信件必须经过特务们的检查，但是他可以和一荻书信来往也是一个巨大的安慰。然而很快因为战争形势的变化，他和妻子于凤至被军统特务从浙江奉化秘密转移后方，从此就再也无法和身在上海的一荻取得联系。张学良感到痛心疾首，他知道一荻根本无法离开自己，如今自己的行踪一荻无法获知，亦不能书信联系，她会有多么痛苦焦虑啊！

张学良想得没错，一荻寄往奉化的书信被退回，一直联系不到他，于是亲自前往奉化溪口，在那座寂寞的雪窦山山上，她对着已经化为灰烬的张学良曾经居住的山间旅行社发呆。她在山上苦苦寻觅，却不见心中牵挂之人的影子，绝望在心中蔓延，在寂寞的雪窦山上，弥漫着一位女子的无助。不管她是什么身份，也不管他的什么身份，她只是寻他，想他，恋他，像凡世间任何一对普通的情人，锥心蚀骨的想念，只可惜，他们注定不能像普通人那样，相爱，便可以相守一生。

从奉化返回上海之后，一荻不停地托付友人询问国民党上层人物关于张学良的消息，可是，他们都装聋作哑，不肯见她，不肯告诉她，正所谓虎落平阳，张学良现在是阶下囚，不再是之前那个威风凛凛、不可一世的东北军统帅，谁都不希望和他沾上关系。

直至 1937 年 11 月，她才意外得知张学良和于凤至离开奉化后，曾在江西迁来移去，居无定所，之后，便没有了消息。

一荻在上海度日如年，她已经不敢再奢望和张学良见面了，只要知道他的消息就好，知道他还是平安的，就好。

正如此时中华民族未来的命运无法预测一样，张学良、赵一荻，他们这群血性儿女，他们的未来命运也无法预测。

他们有没有未来呢？

有没有明天呢？

有没有重新获得幸福的权利？只要简单的幸福，最简单的那种。

## 第四卷

幽禁岁月红颜伴

# 相思相见知何日

香港和多年以前一样，繁华、美丽，中华大地满目疮痍，唯有它，吸收天地散落的灵气，独自高傲地极尽繁华。

一荻面向海洋，这片海湾，是她幼时极目远眺时深爱的风景。

然而此时的她，面带愁容，年轻秀美的脸上竟有了沧桑之气。

辗转了大半个中国，她没有想到还可以回到故乡，还可以与亲人相见，可是她并不开心，她甚至非常悲伤。因为，这次回香港，对于她来说，实在是无奈之举，她无法陪伴她的爱人，也许永远见不到他了。

一荻在香港的生活，与之前相比其实优越很多，因为在这里，有她的哥哥姐姐们照顾她，当然她的父亲赵庆华是绝对不会原谅她、也不会与她相见的。而之前在东北，在西安，她不但要照顾张学良的饮食起居，还忙于秘书工作，更时时刻刻面对着巨大的压力和未知的危险。

只是她愿意。

跟随他，纵使一生漂泊，她也心内安宁。女子纵然想要安定的生活，幸福的家庭，可是她赵一荻，却愿意为了爱情放弃这些，和世俗女子相比，一荻的勇敢与叛逆着实令人钦佩。

　　携子来香港是"七七事变"之后的事，与张学良失去联系后，一荻一直在上海深居简出，将近一年的时间过去了，一位名叫莫德惠的东北元老来访，带来张学良的消息，因为他前一段时间在安徽见过张学良。一荻得知张学良的消息激动得哭了起来，她收到张学良一封简单的来信。

　　寥寥数语，却是对一荻莫大的安慰。

　　一荻按张学良的意思，带着闾琳搬到香港，一是香港有一荻的亲人，使她孤儿寡母不至于生活窘迫无依无靠，二是为了她与闾琳的安全，香港毕竟远离内地的政治斗争，也不在日本人的势力范围之内。

　　一荻没有名分，也就是说她是自由之身，但是她却愿意遥遥无期地等待张学良，独自一人带着一个孩子，可见她的用情至深。

　　因为她知道，杳无音讯的张学良现在过着多么孤独凄凉、躁郁难当的日子，他是她的英雄啊，也是全国人民的英雄，他有驰骋疆场之心，保家卫国之力，可是现在，却过着这样暗无天日的生活，他的心里，必定时刻被煎熬。

　　所以一荻拒绝家人让她出国留学的提议，拒绝身边出现的爱慕者，她就在这里，哪儿也不去，她就在中国，就在香港，等着他，哪儿也不去。

　　一荻在香港度日如年，张学良又何尝不是如此呢？他思念一荻，担心国事，渴望自由，他的心里，苦不堪言。在患难中，他依然心系国家，刚刚被软禁的时候，他赞扬杨虎城"苦心支持危局"，勉励其"为国努力，不可抱奋事之想"。他呼吁西北方面为国家牺牲无所吝惜，"凡利于国者，吾辈尚有何惜乎？"他还让何柱国捎信给东北军各将领，要他们"服从中央命令，团结力量作抗日之准备，以遂初衷"。并让何口头转告他们："我为国家牺牲一切，交了一个朋友，希望各袍泽今后维持此一友谊。"

　　情真意切，爱国爱民，偏偏得了如此结局。他的心里，国家始终是排在第一位的，作为一名将军，看着外面战火纷飞，自己却身陷囹圄无法出一份力量，何其无奈，何其苦涩，何其煎熬。

他是胸怀天下的人，如今梦想没有了自由，连脚步也没有自由。

离开奉化溪口之后，他和妻子于凤至便居无定所，一直被军统特务到处转移，他们的行踪是诡秘的，外人找不到蛛丝马迹，对于世人来说，张学良已经销声匿迹了一般生死未卜。他被关押的地方大都是荒凉的深山之中，虽然风景秀丽，但是也凄凉得很，毕竟战乱时期，名胜古迹基本都是年久失修的断壁残垣，而且荒无人烟。经受着舟车之苦暂且不提，生活艰苦也不提，让张学良无法忍受的是，他和于凤至受到的待遇比囚犯还不如。

他们没有行动自由，没有说话的自由，没有接受探望的自由，甚至，他们被分开关押，张学良经常突然找不到于凤至。而于凤至也因为生活艰苦和心情愤郁，身体变得极差，经常发烧。

在郴州苏仙岭监禁的时候，张学良受到的待遇比溪口更差。在溪口的时候，家属可以陪伴，有些友人和同事在获得批准后也可来看看他，而来此之后，就以所谓战争时期情况特殊为名，将这些待遇全部取消了，随行的于凤至也被强行与他分开。那时张学良在山上住在苏仙观，于凤至则被软禁在城内一戒备森严的独门小院里，不能外出，外人也不许入内，形同囚徒。

郴州苏仙岭也是一处名胜，然而在战争时期，没有游人，空有一片荒芜。当时的郴州瘟疫猖獗，满目疮痍，人称"马到郴州死，人到郴州打摆子（患疟疾）"，如此险恶的环境，很明显是故意"惩罚"张学良。可怜一位爱国英雄，被如此束缚。因为心中痛苦，张学良经常借酒浇愁，有时还借枪朝窗外一株大桂花树连连射击，以泄满腔怨恨。如今，这株桂花树还在，每年金秋时节依然香飘满山，树身的弹痕还依稀可辨。

1938 年 10 月到 1939 年 2 月，张学良又移居湖南西部沅陵县的凤凰山。此山距城二里，景色秀丽，张学良早年在此奋笔疾书题写在寺内墙壁上的《自感遗憾作》一诗和他的一张半身军装像，已被作为重要的历史文物复制出来，并悬挂于张学良旧居凤凰古寺的送子殿中央，以表达人们对他的怀念。

凤凰山也是一处荒凉的古迹，张学良初来此地时，除特务队外，还有一个全副武装的加强连押送，三步一岗，五步一哨，监管比以前更严密。他在山中最大的乐趣只有钓鱼，可惜又不善此道。

从被关押到现在，仅仅两年而已，张学良却感觉过了很久，因为软禁的生活度日如年，他感觉自己好像老了许多，沧桑了，绝望了，可是他还不能放弃，他还要等到获得自由的那一天为国征战。

除了对民族国家的忧虑，张学良最担心的，就是赵一荻了，他思念她，担忧她，因为他太懂一荻了，她是一位如此善良纯洁，真诚勇敢的女子。她有可观的财产，有靓丽的容颜，她可以在香港好好生活，可是她绝对不会离开自己，不会因为自己权势不再，富贵不再，沦为囚徒，生死未卜就离开自己，可是，她不愿意离开自己又能怎么样呢？再见面遥遥无期，她一介女子，带着他们的孩子，在乱世之中如何保护自己。每次想到一荻，张学良就忧虑万分，他们从未有过如此长久的分别，从未有过如此缥缈的未来。

远方心爱的人无法相聚，近在咫尺的妻子也见不到，张学良的心中有着难以言说的苦闷。

唯一让他欣慰的是，一荻远在香港，还能得到一片安宁，如果她陪在自己身边，会跟着自己遭多少罪啊，颠沛流离，失去自由，生活艰苦，他不希望一荻陪着自己过这样的苦日子，虽然他十分想念她。

"西安事变"和平解决之后，国共联合抗日，国民党也比较积极，在正面战场对日寇英勇抗击，如华北的忻口战役和华东的淞沪抗战，以及台儿庄战役等，尽管损失惨重，表现非常英勇。但是后来，"不抵抗主义"又开始蔓延，国民党抗战变得消极，加上准备不充分，装备落后，战术失误，导致节节败退。

　　仅半年光景，河北、山西、察哈尔、绥远、山东各省相继沦陷。日寇气焰嚣张，咄咄逼人，战争有继续扩大、并向长江两岸、特别是华南蔓延之势，所以被囚的张学良及于凤至，在监押人员的驱赶下，也不得不疲于奔命，饱尝颠沛流离之苦。原本患病的于凤至，哪里能经受得住这番折腾，再加上特务的刁难，精神的忧郁，所以病势一天比一天严重。

　　张学良非常担心，因为于凤至患的是乳腺癌，在国内断断续续的治疗根本没有效果，又一直生活在这种环境下，这样下去她怎么撑得住，但是于凤至却一直坚持陪监。

　　后来，他们辗转来到贵州，住在修文县阳明洞。阳明洞，在县城以北的龙岗山，离修文县城五里，山不算高，却林木茂盛，风景优美。阳明洞不是人工开掘的，而是一座天然宽阔明亮的洞穴。有趣的是，这里面还有些自然形成的石桌，石凳。名曰阳明洞，是因为相传被贬谪的明代思想家、兵部主事王守仁曾在此读书讲学，由于他自称阳明先生，所以他住过的山洞被称为阳明洞。

　　蒋介石让张学良居住在此，是希望他潜心研读《明史》，张学良的文字功力本就很好，也爱读书，所以在研读中做了大量笔记，写了不少学习心得。然而，和蒋介石想达到的目的相反，他希望张学良了解王阳明"犯上作乱"才被贬谪，然而张学良却没有被洗脑，反而写下豪气铮铮的诗句："犯上已是祸当头，作乱原非愿所求。心存广宇壮山河，意挽中流助君舟。春秋褒贬分内事，明史鞭策固所由。龙场愿学王阳明，权把贵州当荆州"。

　　在修文监禁期间，读书看报之余，张学良利用特务严密监视下的"自由"时间，经常下山散步，到附近的路家河洗澡、钓鱼以打发时光。和之前在凤凰山一样，他总是可以和当地的百姓相处得十分和谐。因为他和蔼可亲、平易近人，极具人格魅力，所以甚至是看守他的特务和宪兵都能与他好好相处，一起打球下棋，可惜好景不长，这种和谐关系被宪兵司令贺国光知道后，立即责令警备处长刘家康采取严厉措施禁止了。

此时的张学良住在阳明洞的一座木屋里，巧合的是，回国的杨虎城其间正被软禁在息烽县的玄天洞，而这息烽县和修文县紧紧相邻。两位战友至交相距如此之近，可惜彼此对此一无所知，因为他们与外界隔绝，什么都不知道。

被囚阳明洞时，正是抗日战争最艰难的时期，张学良因此异常苦闷，每每在报纸上看到战败的消息都暴跳如雷，扼腕叹息。这样的一幕多么悲凉，他并不为自己失去自由怨天尤人，却时时刻刻心怀国家，奈何根本没有机会亲自带兵。

而在这种情况下，于凤至的病情日益严重，张学良多次请求让于凤至出国治疗，在宋美龄的帮助协调下，终于获得批准。于凤至对张学良情深义重，她患乳癌已经两年了，却依然留下来陪监，但是现在病情太严重了，她在张学良的一再劝说之下，终于同意出国治疗。

可是独自一个人，如何度过漫漫无涯的幽囚岁月呢，张学良趁机提出，让赵一荻来接替于凤至照顾自己，以解二人相思之苦。

然而这个提议却遭到了拒绝，军统不希望任何外人知道张学良的行踪。

张学良感到非常气愤，他思念赵一荻，担心她在香港的境况，他希望一荻能过来陪自己一段时间，直至于凤至康复回国。然而这种要求也被拒绝，他又一次感到无法忍受，后来，又是在宋美龄的协调下，张学良的这一要求才得到批准。

他并不怀疑，一荻会来陪伴他，只是觉得亏欠她太多，当初，她放弃家庭，放弃女子的名节，放弃安定的生活，追随自己南征北战，现在，他又要她放弃陪伴自己的孩子，放弃自由的生活，陪伴自己颠沛流离。

当时商定由看守张学良的特务头目戴笠去秘密接应身在香港的赵一荻，戴笠是一个冷血无情的人，离开之前，他对张学良冷嘲热讽，因为他认为，一个年轻貌美的单身女子，纵使之前死心塌地地跟随张学良，如今他没有了权势与富贵，还沦为阶下囚，她是无论怎样也不会来长久地陪伴张学良的。张学良对戴笠的嘲讽并不以为然，戴笠不会明白真情是什么，于凤至是自己的妻子，她愿意陪伴自己这么久，而一荻虽然没有名分，但是她的情真意切不亚于任何人。

相思之苦奈若何，分别四年，在春风再度拂过满目疮痍的祖国大地时，一对远隔的恋人终于又重新有了在一起的希望。

# 逐缘三生无所求

1940 年的春季，那是一个永远停留在记忆中的季节，对于张学良来说，震惊全国的"西安事变"是他人生的转折，而对于一荻来说，她人生的转折，则是在这个香港最美丽的季节。

因为，他就是她的人生啊。

他是她人生的全部，是她追求的爱情与梦想，是她抬头璀璨的星空，低头绵延的大地。

这个春季，香港最美丽的时候，同样也是一荻美丽的芳华，她沦为了阶下囚，可是，她不仅心甘情愿，甘之如饴，还觉得幸福万分。

因为，她放弃出洋，放弃出嫁，在香港长久等待的那一天，到了。不是张学良得到释放，而是她去为张学良陪监。可是又有什么关系呢，有他在的地方便好，哪管是富贵，是贫穷，是自由地追逐梦想，是沦为卑微的囚犯。她不在意，不管多困难，她今生已经认定了那个人，不管多困难她都义无反顾地去陪伴他。

在香港的一条老街皇后大道，一荻的家里，来了两位不速之客。幽静的小洋楼，两位神秘的来客带来了张学良的亲笔信。一荻的心狂跳起来，一扫之前存留的害怕和疑虑，三年了，她来香港三年了，三年以来，她没有张学良的一丁点消息，度日如年，香港有多安定，她的内心就有多焦虑，是的，她倒希望过着从前战火纷飞的危险生活，起码，张学良在她身边。

如今，总算盼到了。盼到了他的消息，看到熟悉的笔迹，一荻的泪水沿着略显憔悴的脸庞上流了下来。

张学良在信中简单地表达了思念，还告之于凤至病重出国，希望一荻去接替于凤至陪伴自己的消息。

看到张学良的亲笔书信，一荻才打消疑惑，她看了看两位来客，很明显是国民党特务，他们带着低低的鸭舌帽，语气冷酷，对人带着敌意。一荻不禁内心感到担忧，她虽然不知道张学良到底过着多么痛苦的日子，但是看到这些特务，她也能想象，没有自由，被控制和束缚，他一定非常煎熬，不只是身体上，更是精神上。她一个女子，本不应该去承受这些的，可是又怎么样呢，从看到张学良让自己去陪伴他的信开始，她的心已经飞过去了，失去自由、安定的生活，她不怕，她愿意，因为她离不开他，他需要她。

一荻毫不犹豫地答应了随特务前往，这让他们惊讶不已。然而，唯一让一荻感到痛苦的是，她的儿子闾琳年纪尚小，正需要母亲照顾，而自己此去不知道还有没有再见到他的机会。一荻当初是冒着生命危险生下闾琳的，可想而知她有多爱闾琳，现在却不得不抛下他。一荻感到非常痛苦，可是陪张学良的决心没有丝毫动摇。此后，一荻亲自送闾琳前往美国，交由友人伊雅阁和埃娜夫妇抚养，而后，星夜兼程地前往贵州，扑向张学良的身边。这和多年前，夜奔沈阳多么相似啊！张学良从统帅沦为阶下囚，一荻奔向他的姿态却永远不变。当初她被人诟病，说她是因为张学良的地位才做这种于世不容、违背女子道德之事，那么这次呢，曾经这样骂她的人，大概哑口无言了吧。

她只是追随她的爱情，天涯海角。

在香港最美丽的季节，一荻离开了这里，不顾亲友的阻拦，不顾幼子的不舍，这是她人生最大的转折，此后，她将形同囚犯。可是她飞往贵州，心里悲伤与痛苦交织，最后感受到的，竟是幸福。

因为，她终于可以再次见到张学良了。

他已经不是当年的张学良了，她也不是当年的赵一荻，可是，他们相爱，这就够了。一荻心中，有为冒天下之大不韪的勇气，也有守护爱人一生一世的忠贞，作为一名女子，乱世中的女子，有自己的决断和坚持，有如此的勇气和贞烈，而且她的行为，是经过仔细思量而不是因为冲动所做出来的，实在令人钦佩。

张学良被软禁的地方非常隐秘，一荻最初只知道是在贵州，特务们守口如瓶，对于张学良的情况根本不愿意告诉一荻。直至一荻被带到修文阳明洞，她才真正对张学良的"隐居"生活有直观的了解，那是一种非人的生活啊，可是，一荻感到惊愕的同时，并不退缩，反而下定决心和张学良一起度过。

一对几乎相思成疾的恋人，隔着半个中国和几年青春的韶光，如今，终于重逢了。

张学良在于凤至走后，非常担心她的病情，更牵挂着即将到来的赵一荻，在这种不安中，他终于见到他这些年挂念的人。一荻还是那样清丽可人，她才二十多岁，却要来陪自己过这种阶下囚一般的生活。二人抱头痛哭，悲喜交加，在场之人无不为之动容。

刚刚重逢的张学良与一荻，有千言万语要告诉对方，可是这时候，二人都被严加看管，不允许有太多的时间在一起，而且两人住在不同的房间，分别有人看管。刚刚到来的一荻，何曾受过这种待遇，她感到委屈愤怒，但是在张学良面前只字不提。一荻强迫自己尽快适应这种生活，因为离开香港的时候，她就很清楚自己要面对的是什么，她和张学良不一样，对蒋介石不抱幻想，她知道自己可能一辈子都过这种生活，也可能哪一天会被暗杀，可是，她现在要做张学良的支柱，因为他心中所受的煎熬是她的千倍、万倍。

不管怎样，一荻的到来的确是给了张学良莫大的安慰。一荻的才情素来被张学良所欣赏，他们经常一起吟诗作对，谈古论今，当然除了谈论政治，在自由时间，两人一起散步，闲聊，就像多年的老夫妻，对于张学良来说，如果没有赵一荻，他绝对不会感到丝毫的乐趣和安宁，一荻给他的鼓励与支持，是他能够坚持下去的理由。

在阳明洞里，张学良一直读蒋介石给他指定阅读的书籍，在阳明洞里读阳明先生，想来有趣，却又凄凉。

因为张学良一直在研究王阳明，一荻也对这位明代伟大的哲学家产生了浓厚的兴趣，她帮张学良整理关于王阳明的文稿，搜集遗落在民间的诗篇，二人兴趣相投，竟几乎都成了明史学家。在一荻的协助下，张学良编成了一册厚厚的《王阳明诗抄》。一荻将他们两人搜集的王阳明诗词工整地整理抄录，并附有明确的历史背景和精辟的诗作注释。这让张学良又惊又喜，一荻非常细心，很多张学良自己没有找到的诗篇也被她找出来了，并且查阅到具体的创作时间，这给张学良研究王阳明和明史带来极大的帮助。

二人在阳明洞里的日子渐渐变得安宁一些，苦中作乐，也唯有如此才能短暂的忘却自己身处的困境和煎熬吧。

1941年5月，张学良患急性阑尾炎，赵一荻心急如焚，在病情十分严重的情况下，特务们才将他送到当时的贵阳中央医院做切除手术，由于入院过迟，病情已经恶化，情况十分危险。后来，杨静波大夫做了切开引流手术，张学良才得以幸运地痊愈。然而，修文太过偏僻，缺少药物，所以，术后张学良被幽禁于贵阳市黔灵山麒麟洞继续治疗。麒麟洞虽然也是个人烟稀少的荒凉之地，但是风景很美，离市区也不是非常远，张学良在这里做术后治疗，加上赵一荻的陪伴，倒也没有以前的凄凉之感。在此期间，特务对他们的管制与以前相比宽松，张学良甚至可以经常带着一荻去贵阳城里。

然而后来，张学良病情好转之后，他得到的监管又加强了。

当时，住在麒麟洞的时候，山上有一座名叫白衣庵的尼姑庵，里面住着四个尼姑。据记载，曾亲眼看见张学良将军关押情况的白衣庵小尼姑王启华回忆说："我 14 岁左右和我师傅等四人住在麒麟洞，推点豆花接待游人和香客。张学良关进来后，就只准我们四人进出。卫兵对我们说：'出去不准讲张学良关在这里。'当时，在麒麟洞四周的山上架有三挺机枪和驻扎了三个连的兵，大门旁边架有三部电话（包括电台）。每天白天和夜晚分别由几个便衣特务跟着张学良，寸步不离。和张学良一起关押在这里的还有赵一荻小姐和她的女佣人。当时，赵一荻小姐只有二十多岁，常穿旗袍。张学良住左边小房，一荻小姐和女佣人住右边小房，中间是会客和用餐的地方。张和赵有时也一起出去走一走，但不得超过挂有'禁止'的木牌，更多的时候，张学良是抱着肘坐着在想。住房内除了床和座椅，四壁没有一样东西。"

一位将军，落得如此境地，看着令人唏嘘。

当时，东北军驻扎地离此地不远，虽然张学良的行踪是绝对秘密的，但是军统还是担心东北军会得到消息，前来劫持张学良。看守他的特务刘乙光因此向戴笠建议将他们转移到较远的地方。

1941 年 9 月，戴笠奉蒋介石之命，在开阳刘育乡（今双流镇刘育村）监造中西结合横排五间凸字形瓦顶木架灰壁"行辕"。1942 年 2 月，张学良从贵阳麒麟洞被转移到此幽禁。值得一提的是，1941 年冬，张学良的阑尾炎再次发作了，因为第一次住在中央医院时，涉及面广，外界已有流传他在贵阳治病的消息，所以这次军统拒绝送他去医院，就在他的囚禁地给他做手术。手术仍由贵阳医学院兼省立医院外科主任杨静波大夫主刀，李迎汉、杨洁泉为助手。在局部麻醉中，张学良很沉着，配合了手术的顺利进行，给在场医生留下深刻的印象。张学良囚禁前身体是健壮的，长期囚禁严重损害了他的健康，在不到半年的时间内，竟连续两次做手术，抗病能力如此之低，张学良的身体状况也就可想而知了。

在简陋的山洞完成手术不久，身体刚刚痊愈，张学良又被转移到新建的刘育乡"行辕"，如此奔波，军统也确实不在意他的健康。

据开阳县文管所何仙龙所长给我们介绍，刘育是当时的全国治安模范乡，军统认为将张学良幽禁于此比较安全。蒋介石下令在此建造"行辕"，但他从未到过此地，可见只是为掩人耳目而已。张学良及赵一荻住在"行辕"一楼左面，右面是负责监管的军统特务的房间。这座"行辕"，是在大陆为幽禁张学良专门建造的唯一"行辕"，张学良在此幽禁了 2 年 10 个月零 5 天，也是张学良在大陆被幽禁时间最长的地方。

和之前人迹罕至的山洞相比，这以"行辕"之名掩饰的监狱，大概是张学良住过的最好的地方了。可是，张学良感受不到一丝的高兴，因为，在这里，军统特务对张学良的监管措施明显加强：即将他从城郊转移到乡下幽禁、对当地县乡政府进行清洗、修碉堡增岗哨加兵力警戒、每次外出监视他的特务人数增加了 4～5 倍、禁止阅读报纸、书信包裹一律检查等。因此，张学良在开阳刘育幽禁期间反而成了他最苦闷的时期。

当时，军统特务李毓桢被任命为开阳县长，廖文钦被任命为刘育乡长，张学良的行动被严密监控。他在刘育乡期间，除了当时随张学良来的厨师所住的刘天平家外，张学良没有到过任何一户农民家。就是到刘天平家，身后也有近一个班的便衣特务跟着。因此张到刘天平家，仅在院子里和主人打个招呼，向厨师问好，或吩咐厨师做点什么生活琐事。每逢刘育赶场的日子，他也到场上转转，既不买什么东西，也不和百姓说话，特务们跟去又跟回。

他的住宅，一般人根本不能靠近，更不要说进去了。他的一切行动，都要经过以"秘书"身份出现的少将军统特务刘乙光的允许。因此张学良的心情十分苦闷。没有听他唱过歌，也没有看他拿过书，百无聊赖之时，只在门口的大青杠树下坐坐，凝视蓝天，一言不发。有时，在卫兵的"护送"下，到北安营去钓鱼，或是在划定的范围内散步。看到孩子们用草编织笼子，捉蟋蟀关到笼里相斗。此时，他连看报的权利都没有了，也没有通信自由，除了宋美龄和宋子文兄妹寄来的信，其他的信件一律要经过检查才能交给他。

在这个艰难的时期，只有善解人意的一荻给他仅有的一丝安慰。一荻此时和张学良的境遇差不多，她也完全失去了自由。一荻曾经是大家闺秀，就算后来没有名分跟在张学良身边，她也不曾有过这般经历，然而现在，她不仅要忍受，不可以有怨言，还要照顾张学良，他的身体大不如从前，每每心力交瘁之时，一荻都觉得非常心疼。

灰色的岁月似乎遥遥无期，张学良的精神状态在这时候很不好，了解不到抗日战争的变化，与外界完全失去联系，每一个行动都被监控，他甚至觉得自己的人生变成了灰色的，再也没有任何希望了。

一荻总是温柔地安慰他，在小得可怜的自由活动的范围内"散步"，这时的张学良依然非常丧气。

痛苦的煎熬似乎没有结束的可能，他们永远不知道明天怎么样，但是，似乎，不管怎样，都见不到希望，得不到自由。

# 为伊消得人憔悴

"西安事变"过去大半个世纪的今天，忠于历史敬仰英雄的人千辛万苦走遍了两岸张学良曾被幽禁的每一个地方，他们找寻着每一个可能的证据，每一份幸运保存下来的文物，追随着他被幽禁大半个世纪的秘密踪迹。

历史对于张学良是不公平的，纵然他成为传奇，成为人人歌颂的英雄，可是他的人生，毕竟是一个悲剧。

在刘育乡的时候，是张学良幽禁生涯最难过的时期，他几乎感到绝望，生活没有一丝乐趣。在这期间，唯一让他感到快乐的一件事，是他与一荻一起养了七八十只小鸡仔。

这件事看起来有趣，一位将军，竟然天天围着七八十只小鸡仔打转，其实，是因为他的生活太孤寂了，完全没有自由，什么都做不了。小鸡仔是张学良强烈要求去市集时一时兴起买的。回来后，他便和一荻圈地照顾它们，慢慢地，小鸡仔长大了，张学良对它们也产生了很深的感情，每天早上起床第一件事就是去看它们。

虽然一荻知道，张学良这种看起来幼稚荒唐的举动实际上有多无奈，可是，因为这些活蹦乱跳的小鸡仔，张学良的心情确实好了不少，他甚至打趣说自己要靠这些小鸡发财，成为"养鸡王"，一荻也因此宽心不少。

　　然而，不幸的是，不久刘育乡爆发鸡瘟，张学良精心饲养的小鸡仔全都病了，看着平时活蹦乱跳的小鸡仔现在天天耷拉着脑袋，张学良难过极了，他找来兽医，给小鸡仔吃药。然而他希望它们好起来的愿望终究没有实现，过了不久，小鸡仔们全部死掉了。

　　这是一件小事吗，是的，很小的一件事，可是它对张学良的打击却是巨大的。小鸡仔对于张学良来说，是一种精神的寄托，他觉得自己的生活充斥着绝望，过得毫无意义，而小鸡仔们需要他，对他而言，它们绝不只是打发无聊时光的凭借。小鸡仔们死掉之后，张学良一连几天闭门不出，再也未提过养鸡之事，一荻和他一样，对那些可爱的小鸡仔们也有感情，看着张学良这么难过，她理解他，却不知道怎么安慰他。

　　张学良在刘育乡住了将近两年时间，所以在这里能找到很多关于他囚禁时的历史资料，也采访了很多见过张学良的人，他们的追述使我们更加了解张学良那个时候的状况，只是，不管他的状况怎么样，都是不尽如人意的。当年曾在开阳中学读书的一位名叫袁化鹏的学生，后来在采访时，有一段关于张学良的追述。他是在秋游的时候遇见了张学良和赵一荻，他们很亲切，一荻要他的一个女同学唱歌，结果那个女生毫不迟疑地唱出了流亡三部曲的第二部："泣别了白山黑水……"由于她的带头，其他同学也和着把《松花江上》第一部和第三部全都唱完。歌声中，一向和蔼可亲的张学良却沉默不语，脸色凝重，非常可怖。

　　他能说什么呢，他能做什么呢？失去自由，报国无门，他的家乡、他的祖国遭受欺凌，而他，他心里所有的热血，只剩下疼痛罢了。

　　这段简单的追述，可以可见张学良在刘育乡的时候，精神是非常苦闷的，他受到一点刺激，就会想起来他的处境，他的无奈与痛苦。

　　然而他还是无能为力，他现在的生活，什么都没有，到底有什么意义，连一群小鸡仔都照顾不好，他还能做什么？

　　在刘育乡的时光度日如年，如果不是一荻一直在身边陪伴，张学良几乎撑不下去。他们在这里住了两年，后来，1944年初，日本帝国主义为了挽救在太平洋战场上的失败，打通从中国东北到越南的交通线，以援救其侵入南洋的孤军，发动了豫湘桂战役。1944年4月，日军纠集数万兵力进攻河南，不久袭击湖南，夺取长沙、衡阳。11月间，接连侵占桂林、柳州、南宁等重要城市。12月初，日军打到贵州独山，贵阳告急，开阳也紧张起来。特务队惊慌无计，又匆忙地把张学良迁押到铜梓"小西湖"囚禁。

桐梓地处层层密密的林莽和群山之中，阴森可怖，监视他们的特务也越来越多，这期间他们唯一的自由活动便是按时去天门洞打网球，虽然打网球的时候附近的山坳里不时有带着荷枪实弹的军警监视巡逻。

张学良和一荻都酷爱打网球，当初他们在北戴河相遇，就经常一起打网球，他们都是高手，势均力敌，每次都打得不亦乐乎。如今，没想到，在监禁的时候，他们还能找回美好的回忆。只可惜，曾经英姿飒爽的少帅，曾经清丽脱俗的少女，都已在时光的蹉跎和幽囚的艰苦之中，斑白了鬓角，沧桑了心灵。张学良在两次手术之后身体差了很多，而一荻在如此艰苦的生活条件下，也不如从前那样健康，虽然她还很年轻，但是已经鬓角微白。

直到次年8月，特务对他们的监管才松缓下来，监管他们的国民党第75团也没有缘由地忽然奉命撤退。然而张学良并没有因此感到有所放松，反而原本平静的心情变得郁闷和狂躁起来。

张学良受到的监管突然变得缓和的原因，是因为抗日战争胜利。张学良怎能不抑郁，他是东北军的领导者，是中国的将军，他一直梦想有一天驰骋疆场，可以奋勇杀敌，日本人对他而言有着杀父之仇，家园被毁之恨，可是，他拼尽了全力，付出惨重的代价，促成抗日民族统一战线的形成，却从战争开始到结束，不能出一份力量，只能拖着一副不自由的身体颠沛流离。抗战结束了，中国人民还会记得他吗，大概已经忘记了吧。一个销声匿迹的人，八年，八年过去了，在中国人最艰难的八年，他没有出一份力量，可是他的牺牲也是如此巨大。

在过去的八年之中，几乎一有机会，张学良就向前来探访他的国民党要人提出允许他戴罪立功的请求。可是，蒋介石对他的请求从来不肯理睬。这让他伤透了心！如今他是在贵州一个远离尘嚣的山坳里，得知举国欢庆胜利的喜讯，他却沉浸在悲伤中，又如何与全国人民一起分享胜利的喜悦呢。

一荻见他百感交集，安慰他道：抗战胜利，蒋介石开释他的机会也就大大增加。张学良这才稍稍平静下来。

抗战胜利，张学良功不可没，共产党和全国人民定会强烈要求国民党释放张学良。而张学良也确实听到蒋介石即将释放他的消息，这让他重新燃起了希望。

等待是痛苦的，抗战胜利之后，蒋介石积极准备内战。在全国人民要求释放张学良的背景下，他为了安抚人心，一度放出可能将要开释张学良的消息。然而这不过是他鉴于舆论压力才做出和解的姿态，并不是他真正的意思，果然这事仅仅在一个短时间内传播了一下，不久也就烟消云散没有下文了。这让幽禁中的张学良心烦意乱，他与外界没有联系，不清楚政局动荡，只有在被囚禁的地方遥遥无期地等待着被释放的那一天。

直到 1946 年 4 月 7 日，在寂静的天门洞前，忽然驶来了大大小小几辆高级轿车，如此反常的迹象让张学良和一荻感到惊讶不已，他们不知道是什么人要来见他们。

来客是贵州省主席杨森，随行的还有贵州省党部主任周敏秋等一批地方官员。张学良感到非常疑惑，被幽禁这么久，从来没有这么多陌生的高级军政要人来看望他。杨森一行人笑得很谄媚，表示要请张学良和赵四小姐去贵阳小住几天。杨森一行人对张学良的态度非常客气，这是以前绝无仅有的事情，一荻也非常疑惑，她陪着张学良随杨森前去贵阳，一路上，杨森对他们非常尊敬，但是对请他们去贵阳的意图却只字不提。

难道是蒋介石要释放他了吗，不然，他们这些军政要人怎么会亲自来接他们，而且态度如此尊敬。张学良的心中悲喜交加，非常疑惑，而一荻更多的则是警惕，被幽禁九年，善良如她，也对蒋介石产生了怨恨，她不像张学良，对蒋介石有着情义与幻想。到达贵阳后，一荻和张学良被安排在贵阳花溪附近的一幢小楼，是一处高级招待所。从阶下囚变为座上宾，这么大的差距让一荻不得不满腹狐疑，来此之后，他们被当作贵宾，服务非常到位，杨森和其他高级官员一连两天全程陪同。清苦的时光过了那么久，如此隆重的待遇实在异常，一荻当然希望是因为蒋介石即将释放张学良才会发生这样的事，但是特务们身着便衣时常出现在他们身边，虽然态度比以前好，但是敌意没有消退，这让一荻不得不警惕。

果然，张学良受到如此异常的待遇是有原因的。9日中午，张学良单独被杨森请去见一位来客，一荻被留了下来，她感到非常不安，来客是谁呢，难道是蒋委员长，他准备开释他们吗？一荻不敢乱猜，只得强作镇定地在招待所等张学良归来。

一荻的猜测没有错，张学良由杨森一行人陪同，去贵阳黔灵山三岭湾与蒋介石会面，同行的还有蒋介石的儿子蒋经国，蒋氏父子专门从重庆来贵阳见张学良。

贵阳黔灵山，张学良与蒋介石会面的地方，被当作历史文物，保留至今。张学良在被幽禁的时候有坚持写日记的习惯，对这件大事的背景、内容写得很详细，当时，知道要见自己的重要客人就是关押自己多年的蒋介石，张学良很兴奋。他心中有过怨念，不过，只是怨恨自己不能带兵打仗，保家卫国，并未怨恨过蒋介石，在他老年的回忆录中他也曾表示过这一点，他发起"西安事变"，是为国为民，当时对蒋介石他是心怀愧疚的。

贵阳的会面，证明蒋介石并没有忘记张学良，他亲自从重庆来贵阳见张学良，是有意释放他，也表示可以让他官复原职，可是，他的条件是，要张学良带兵回东北去打共产党。

回东北是张学良梦寐以求的事情，再次恢复自由，带兵打仗也是他所祈愿的。可是，他并不愿意打红军，发动"西安事变"就是为了国家的安全，为了历史的正确发展，如今，要再次做违背历史发展规律，违背人民意志的事，他张汉卿，是万万不愿意的。

一荻知道这件事之后，心情也和张学良一样，十分凝重。她当然希望重获自由，这种非人的生活让她绝望。张学良是军人，可她只是一名娇弱的女子而已，颠沛流离，形同囚徒，还要坚强地微笑，因为，她是张学良唯一的支持。如果可以像幽禁之前一样生活，那是一件多么幸福的事啊。

可是，张学良怎么会愿意再去打中共呢？他不愿意为一个人的权势拼命，而不顾中国人的利益，抗日战争刚刚胜利，中国的等各个方面迫切需要重建，而且，共产党素来以广大人民群众的利益为奋斗目标，深得人心，他现在出山去打共产党，无疑是一件在他看来绝对不正确的事。

一荻理解张学良心中所想之后，心情很沉重，她也想了很久，最后告诉张学良，自己支持他的决定，因为他是正确的。

蒋介石的"美意"遭到张学良的拒绝后，表示愿意在贵阳等他"回心转意"，等了四天，张学良依然坚定地回绝他，蒋介石气愤地离开了。

张学良放弃了重获自由的机会，因为他的心里，国家利益、人民群众的利益，比他个人的自由重要。

花溪小楼的灯光亮了一整夜，张学良彻夜未眠，他的心中有信念，坚定的信念，他并没有动摇，只是，这个抉择，让他很痛苦。本以为抗战结束，他和一荻有机会重获自由，可是这一次，他拒绝蒋介石，以后，他的境遇一定会更凄惨，不知道还有没有获得自由的机会。他已经不是当年那个锐不可当的年轻人了，他现在已经老了，那么多年的囚徒生活，让他的锐气已经消亡，他没有力气再去愤怒，去不甘，去埋怨。

当年在军事法庭审判的时候，张学良被判处十年有期徒刑，接着又被特赦，然而随后被软禁，也就是说他是被蒋介石实行"私法"处置，如今，他快被囚禁十年了，却发生拒绝蒋介石怎样的事情，大概被释放的那一天，将变得很远很远了。蒋介石离开之后，张学良的心情一直非常低落，他和一荻又被送回桐梓，从此受到更加严密的监管，这一切都在预料之中，只是心中依然落寞不已。

一荻一直非常小心地照顾张学良，他的情绪不是很稳定，一直很抑郁，抗日战争已经胜利了，内战也开始了，然而张学良却十年如一日地过着囚徒一般的生活。正所谓，山中不知岁月，外面的世界，翻天覆地，他不过是被遗忘的人罢了，他一定会被人遗忘的，对于世人来说，他是一个生死未卜的爱国将军，失踪了十年，十年啊，时光蹉跎，谁还能记得他？如果有一天，他重新获得自由，也不再是一个令人敬仰的英雄了，不过是一个面容沧桑的老人。

其实此时的张学良不过四十多岁，但是他的心却像七八十岁的老者，他很悲观，这次重获自由的希望破灭之后更加悲观。

一荻也感到绝望，当初选择来陪伴张学良，她做好了吃苦的准备，可是，现实远远超过她的预期，苦难超过她的承受能力，她的青春，最美的年华，就在这样不见天日的时光中消失殆尽。

每每痛苦不堪时，一荻就会想到张学良，想到他，看到他，她就慢慢平静了。

他没有错，他什么都没有做错，所以自己必须在身边支持他才对。

只要陪伴在他身边，有什么后悔和难过的呢，照顾他，安慰他，鼓励他，这才是自己需要做的。塞翁失马焉知非福，如果不是被幽禁，他们，也许没有机会一生一世一双人，她想要的，不过是一份一生一世的爱情，患难与共，不离不弃。那么，有什么绝望的，他们还要继续走下去，不管现在的生活有多么不见天日无法忍受，能陪伴张学良，在照顾他，一荻感到无怨无悔。

　　一荻有时候也会想起，远在美国的闾琳，世界上有哪一个母亲不爱自己的孩子，愿意抛弃自己的孩子呢，可是她没有办法，她今生，注定不能做一个好母亲了。

　　因为张学良，比闾琳更需要自己。

　　所以，已经选择的事情，就不会后悔，不管明天怎样，不管她和张学良的明天怎样，会发生怎样的变故，和他在一起，她的生活，就永远不会绝望。

# 扼腕悲叹行路难

秋风拂过满是硝烟的大地，又是一个萧索的秋天，秋来春去，白驹过隙，苍老了一个苦难的民族，和一对苦难的恋人。

秋天和谎言有没有关联，似乎没有，然而在这个秋季，一个巨大的谎言与阴谋，却比秋风更萧瑟人心。

1946 年的秋天，桐梓已经到了非常荒凉的季节，这一天，一位特殊的客人来拜访被幽禁的张学良和赵一荻。

早在 5 月下旬的时候，特务队长刘乙光接到军统局的电令，要他将张学良和赵一荻从贵州转移到安全地区去，也就是转移去南京。张学良知道这个消息后，本能地拒绝了，一是因为长期颠沛流离的生活让他非常苦恼，二是因为他不愿意去南京，曾经每一次去南京，他都是座上宾，风风光光的，而现在，居然要以一个阶下囚的身份去，这让他无法接受。而且，当初在南京审判时他已经获得特赦，而现在，幽禁了这么多年，反而又要押他去南京，他怎么会愿意呢。

张学良坚持待在贵阳，6 月初，军统特务头目叶翔亲自从南京飞到贵阳，来到张学良幽居的桐梓"小西湖"。叶翔和张学良苦苦谈了两个晚上，然而张学良非常固执，坚持哪儿都不去，叶翔也只得离开。一荻知道张学良一旦倔强起来，谁都劝不动，而且，突然迁往南京，这一举动让一荻感到很不安，蒋介石一定是不放心张学良在这里隐居，想让他在自己可以随时控制的地方，她害怕张学良会遭遇危险，所以，她也并不希望去南京。

两个月之后到了桐梓的秋季，一位特殊的客人来访，他就是张学良和赵一荻的故友张严佛，也是一名军统特务。

张严佛来"小西湖"后，一直陪着张学良和一荻在住所里玩纸牌，还陪着他们去贵阳逛商店、下馆子、听戏，本来就是朋友，在这样轻松愉悦的氛围下，张学良对张严佛变得很信任。直到第三天，他才以朋友的身份真诚地向张学良提及去南京的事情。共产党的军队只要向大西北进军，贵阳就会变得很危险，而且，贵阳偏僻、贫穷，张学良的身体不如从前，生活艰苦对他的健康不利，蒋介石希望张学良待在身边，也是为了张学良着想。在张严佛的劝说之下，张学良的态度没有之前那么坚定了，他考虑了几天，最终答应了去南京。

准备启程的时候，张严佛以贵州没有军用机场为由，坚持要张学良、赵一荻随他先到重庆。然后在重庆等候南京来的专机。张学良是个心胸坦荡的人，既然已经应允去南京，他就对张严佛的安排不再过问了。

但是一荻却觉得这一切非常可疑，尤其是当她看到她和张学良的衣物书籍等全部被装进卡车，而那辆车却没有和他们坐的车一起离开。

就算他们的行踪素来是秘密，但是，不过是去重庆坐飞机而已，为什么要如此谨慎呢？

初来贵州，一荻水土不服，一眨眼，居然过去了六个年头，她已经青春不再，芳华不再。人生如此多艰，而现在她又要经历另一场漂泊。

深夜，他们终于登上了去重庆的汽车，她留恋地看着窗外荒凉的景象，她知道这一生都不会再回到这个地方了，虽然住在这里的日子很清苦，但是这么多年了，毕竟还是有感情的。

重庆是山城，入夜之后，到处一片黑暗，汽车在盘旋的公路上行驶着，最终到达戒备森严的戴笠公馆，戴公馆伫立在阴森森的山顶上，然而，张学良和一荻站在山顶上，看到的不是连绵的群山，也不是秀丽的景色，而是架在山冈上一层又一层的电网。

张学良瞬间感觉非常愤怒，既然是要他南京治疗，为了他的安全和健康着想，又为何如此严密地监控他，行踪也如此隐秘。

张严佛则不断告诉他，去了南京，蒋介石可能会顺应民意释放他，给他真正的自由，联想到之前蒋介石父子亲自来看望他，张学良对张严佛的说法并不怀疑。

然而，在戴公馆附近，就是一座重兵防守的集中营白公馆，里面关押着很多政治犯，重庆城外的歌乐山上也关押着许多政治犯，层层叠叠的山峦之间，布满密密麻麻的哨兵，张学良身边的特务也在不停地增加。一荻很细心地注意到这些情况，她感到非常不安，张学良却不以为意，安慰她不要多疑，张严佛是他的朋友，自然不会伤害他们。

在重庆待了一段时间，张严佛来山上设宴说是为张学良送行，说是去南京的飞机已经准备好了。临行之前的夜晚，一荻失眠了，她素来比张学良敏锐，直觉让她不安，虽然她告诉自己，张严佛给他们描述的未来都是真的。但是就算她疑惑，已经到了这个地步，她也没有办法。次日，也就是1946年10月2日，飞机从白市驿机场起飞，茫茫云海，一荻握着张学良的手，心中不免感叹他们所要忍受的颠沛流离。

然而，飞机飞往南京的时间却延长了很多，一荻感到奇怪，张学良亦然，四目相对，他们非常惊愕。张学良追问特务刘乙光他们到底是飞往何处，可是刘乙光坚决说是飞往南京，之后再也不肯回答。

事已至此，张学良和一荻都明白是一个阴谋了，他们不知道自己要前往何处，可是，既然是去南京和给他们自由这些都是谎言，他们大概也是去一个没有自由的地方吧。

这件事确实是一个骗局，蒋介石并无释放张学良之意，而在舆论压力之下，他又不得不表示他即将释放张学良，毕竟，当初，是他言而无信，他对一位爱国将领言而无信，对全国人民食言。然而他丝毫没有悔过之意，张学良发动"西安事变"是置个人生死荣辱于度外，一心为国为民，可是蒋介石不同，他爱权势，爱自己，胜过爱国家，张学良背叛了他，他就绝不会轻饶。最好的办法，就是送张学良去一个人们管不到的地方，离开所有人的视线。

而这个地方，就是祖国的宝岛，台湾。

后来，张严佛回忆往事，不无负疚地说："张学良由桐梓来重庆解台湾的消息，对外封锁。因此，刘乙光押解张学良由贵州来重庆时，在重庆市三十里的九龙坡渡口过江，汽车不经过重庆市，以免被人发觉，张扬出去。一面对张学良诡称：蒋介石有电报来，送他到南京去，不把解往台湾的实在情形告诉他。松林坡戴笠生前寓所，隐蔽幽静，附近没有居民。关于张学良到重庆后的生活，我指派侯桢祥专门照料。张学良到达松林坡住定后，我同我的爱人李兴黄邀同中央训练团重庆分团主任李觉和他夫人何玫以及军统特务重庆行营第二处处长徐远举等，去陪同张学良、赵四小姐打湖南纸牌、扑克，玩了三两天。张学良在重庆住了一个星期，专机已经交涉好了，决定起飞前夕，我到松林坡面告张学良：'飞机已经交涉好了，明日拂晓，在离重庆六十里的白市驿军用机场起飞，直飞南京。'张学良信以为真，相当高兴。刘乙光向我说：'跟在张学良身边的副官是他的心腹，又和宪兵厮混熟了，妨害看管，不能再让他到台湾去，明天动身之前，请你把这个人留下。'我同意了，立即指示侯桢祥、庞进科照办，并下令把他押在军统局渣滓洞看守所。我为了欺骗张学良，防止意外，第二天天还没有亮，我就和我的爱人李兴黄赶到白市驿飞机场照料，对张学良和赵四小姐伪称来送行的。"

飞机在云端上翱翔，窗外是茫茫一片，看不到大地的颜色，因为此时飞机正在飞跃海面。一荻感到非常忐忑不安，她笃定飞机并非飞往南京，可是她不知道她将会被带到哪里，迎接她的又会是什么。

走出机舱的那一刻，一荻下意识地抓紧张学良的手，她在害怕，非常害怕，而张学良脸色阴沉，他素来心性纯良，却被一次又一次地欺骗，一次又一次地伤害，十年如一日的囚徒生活似乎永远没有尽头。远处棕榈婆娑，阳光明媚，建筑多为日式房屋，一片岛国风光。如此美丽的景象，一荻心里却怎么也高兴不起来，这里太陌生，似世外桃源一般，没有战火纷飞的气息，没有战争带来的荒凉，让她慌乱不已，这里，不是她熟悉的祖国大陆。

是的，这里是台湾，是与祖国一海相隔却永远无法跨越的台湾。

张学良感到悲愤，他知道，来到了台湾，来到了大陆人民和共产党触不可及的台湾，什么希望都没有了，现在已经回天乏术了，他完全被蒋介石控制，释放的那一天变得更加渺茫。他现在的心理感受是希望被彻底摧毁变成了绝望。

他回不去了，回不去他的祖国，他所爱的祖国，他回不去了，也见不到他所爱的人民。

浓浓的乡愁、被欺骗的愤懑、恢复自由的愿望破灭，千种滋味上心头，一荻和张学良的面容变得凝重而悲伤。然而，他们是囚徒，他们又能如何呢。

下飞机之后，张学良立刻被带往新竹，10月3日，在刘启光县长夫妇的陪同下，张学良和一荻离开新竹，汽车行驶在崎岖的山路上，人烟渐少，约在下午1点，他们到达目的地井上温泉。

仅仅两天不到，他就跨越了大半个中国，行程都是事先安排好的，他们被马不停蹄地送往台湾井上温泉，所有人都知道这次的计划，只有他不知道，他和一荻不知道，这是一个阴谋。

张学良在日记中对于这次迁移有简单的描述，10月2日的日记中写道：今日迁徙，但余始终不知去相（向）何处。早6点1刻，由重庆白市驿机场起飞，有李云波、徐远举、郭处长等来送行。8点40分抵武昌徐家栅机场加油，12点1刻抵台北松山机场，余（始）知是到台湾。陈长官派周处长一鹗、刘县长启光、连谋、陈达元调查科长等在机场迎接，到陈达元寓所午餐, 下午 2 点 1 刻由台北乘汽车动身, 约 5 点半抵新竹, 宿于招待所。10 月 3 日的日记中写道: 早九点许, 由刘启光县长夫妇陪同乘汽车由新竹启程, 约至下午一点许抵井上温泉, 余知此为余之新住所也。

日记记载很简略, 但是其中的无奈与痛苦尽显。然而作为一名囚徒, 张学良也只有无奈地接受这一"安排"。

张学良和赵一荻居住的井上温泉, 是一栋宁静的木板房, 由日本人设计, 远离尘嚣, 隐于青山绿水间, 周围散居着台湾山地原住民, 即高山族。经历多次迁徙, 张学良也渐渐习惯了, 来井上温泉之后, 他很快适应了这里的生活。在这里最大的乐趣就是读书, 也仍然坚持写日记, 这些日记如今都成了很珍贵的研究资料, 而且, 我们可以很欣慰地看到, 被幽禁这么久, 张学良依然心系国家, 对国内外大事有很多独到的见解。

来井上温泉之后, 也有一些旧友来看望张学良, 还可以与外界保持书信联系。但是, 1947 年的台湾"二·二八事变", 给他与一荻原本宁静的山中生活带来了不小的冲击。

"二·二八"事变爆发于 1947 年 2 月 28 日, 导火索是因为 2 月 27 日国民党军警在台北打死了为减税请愿的商贩, 2 月 28 日台北市民罢市、游行请愿, 又遭国民党当局的镇压, 激起全省民众的愤怒, 爆发了大规模武装暴动。"二·二八"事变的深层原因是岛内民众不满国民党的统治, 暴动始于台北, 很快向南蔓延, 几天之内, 控制了台湾大部分地区。

隐居的张学良敏锐地发现看守人员神情异常, 还私下交头接耳、焚烧文件, 甚至开始收拾行李, 张学良怀疑他们是因为"二·二八"事变引起的紧张局势又即将迁徙, 可是看守人员上门都不告诉他。

3 月 4 日, 张学良的住所外面突然来了许多卡车, 特务刘乙光也在忙着收拾行李。在张学良的不断追问下, 刘乙光才态度冷漠地告诉他, 暴乱已经蔓延到竹东, 与此地仅距 30 公里。张学良才明白, 刘乙光是怕有人趁乱来劫走他，而一旦真的有人来劫持他，刘乙光等一众"保护"他的特务，是绝对不会让自己活着出去的。所以他与一荻当时的处境都非常危险，刘乙光对自己的态度突然冷漠起来，他的夫人也找借口过来察言观色，这让张学良非常恼怒。

随后，国民党政府从大陆调集军队对岛上暴动人民进行残酷镇压，到 3 月 13 日将全岛镇压，死者多达三万多人。

由于"二·二八"事变的平息，张学良在井上温泉的生活也渐渐恢复平静，但是在处理这次事件中，刘乙光"无礼貌的不诚实的举动"深深地伤害了他，张学良因此与刘乙光的矛盾变得尖锐。10 月份的时候，好友张严佛来探望张学良，他对张严佛之前欺骗自己来台湾并不介意，反而向他发牢骚表示对刘乙光的种种不满。长期的监禁让他的意志不如从前那样坚不可摧，他谈到十年囚禁生活的种种痛苦，谈到内心的痛苦愤怒，在一旁陪伴的一荻也不禁落泪。

张严佛临行之前，张学良送给他一首诗：山居幽处境，旧雨引心寒；辗转眠不得，枕上泪难干。

上款写严佛兄存念，下面写张学良敬赠。

这首诗通俗易懂，感情真挚，然而张学良此时心中的痛苦和无奈又岂是几句诗能说尽的呢。

蒋介石虽然身在大陆，但是对在台湾的张学良的监管毫不放松，幸好宋美龄一直叮嘱看守张学良的人多多关照张学良和一荻，他们在井上温泉的生活才能稍稍轻松一些。1948 年 5 月，刘乙光从台北回来，带来一位"陪读者"，即研究明史的专家周念行，也是宋美龄特地挑选派遣而来。这是张学良在 1948 年来最大的收获了，他感到非常高兴，对宋美龄的好意感激不已，然而这一年，正是大陆内战最严峻的时候，蒋介石根本没有时间理会身在台湾的张学良，关于他让张严佛转告的释放他的请求更不会理会。

7 月的时候，张学良和一荻经受了来台湾之后第一次台风的袭击。

　　井上温泉的房子非常破旧，如何抵挡来自太平洋的飓风袭击，张学良居住的房子几乎被风雨摧毁，屋内漏水非常严重，他在日记中写道：中夜起来，迁床搬东西。由此可见他们的生活条件之艰难，然而可贵的是，在此情况下，张学良感叹的居然是："不知此次台湾灾情如何，反正总是苦些小百姓。"对人民的怜悯之心，着实动人。

　　在井上温泉的生活艰苦，张学良也渐渐学会亲自扛着锄头去种地，而一荻呢，种菜、养鸡、做衣服，昔日的大家闺秀如今也不得不天天劳作以维持生活。

　　台湾风和日丽，大陆狼烟四起，可惜这一切，张学良只能隔岸观火，山中不知岁月，他的无奈，又有谁真的明白呢？

# 相濡以沫隐山林

山中岁月宁静而百无聊赖,最关键是对于一个仍怀雄心壮志的人说,这样度过的时光,简直是一种凌迟。

刚刚被关在井上温泉的时候,张学良看见附近的山峦环抱,山林的鸟儿叽叽喳喳、自由自在地飞来飞去,心中不免感伤,人不如鸟,连自由都没有。心中抑郁难平,张学良捉了一只鸟,并买了一只笼子,一起托人送给蒋介石,意思很明显,是提醒蒋介石刑期已过,是时候还他自由了。然而蒋介石的回礼是一只更大的鸟笼,并捎来一句话:"你再捉鸟吧,我有的是笼子。"张学良感到非常愤怒又无计可施,他受到严密的监管,又在这深山之中,就算他是鸟,也插翅难飞。而蒋介石直到临死也不忘这"鸟笼事件",并说"不可纵虎归山"。张学良已经不是曾经的少帅了,不是曾经的将军了,他被囚禁这么多年,却仍然被看作是"虎",受到如此不公平的待遇。

后来渐渐适应井上温泉的生活,张学良的心绪才渐渐平静下来。然而,曾经善解人意又温柔体贴的一荻,身体却越来越不好了。井上温泉的地势很高,位于深山之中,生活条件艰苦,一荻羸弱的身体如何经受得住,加上水土不服和辛苦劳作,她的身体状况愈差,终日面带愁容。

张学良喜欢照相,他的镜头最常对准的就是身边的一荻了,在此期间他们留下了很多珍贵的照片。一荻的照片大部分依然风姿绰约，穿着自己做的衣服，她天生丽质，也是生性爱美的女子，在艰苦的幽禁生活中仍始终保留涂指甲油的习惯，她的气质出众，然而装扮简朴，对于她这样的女子，陪张学良一起过这样艰苦的日子，真的非常不容易。如今保留下来的一荻的照片，虽然气质高贵，但是却极少笑容，有沉思的，有忧郁的，有面无表情的。她的身体状况一直不好，心情也一直不佳。

40多岁的少帅也是一样，他已经略微显出老态，喜欢发呆，身体微微发福，脸色凝重。读书、垂钓、听收音机，每一项活动都是一日又一日的重复，他能做的，也唯有这些罢了。虽然他的思绪经常飘向远方，他的心中依然能装下千军万马。

深山之上，看病是一件困难的事，而一荻需要定期看牙医，因为她年轻的时候，为了漂亮拔了几颗牙，结果患了严重的口腔炎症，不得不拔了所有牙齿全部镶上假牙。于是刘乙光从台北为他们带来牙科医生，此外，还有眼科医生来给他们配眼镜。张学良需要的日常用品也会列出清单让刘乙光去购买，渐渐他们之间的关系缓和了许多。

1948年底，国民党统治区的经济濒于崩溃，金圆券贬值，物价飞涨，军事上也一败涂地，宋美龄决定只身赴美游说，争取杜鲁门的支持。张学良听说后，写了一封给于凤至的信，托人转给宋美龄带去。于凤至离开他很久了，张学良甚是思念。

当年，她患乳腺癌严重，不得不去美国治疗。之后，于凤至在位于纽约城郊的哥伦比亚长老会医学研究中心的哈克尼斯教会医院接受治疗，在这所闻名遐迩的教会医院里，于凤至经历了几次大型手术，治疗了将近两年，她的头发几乎掉光了，十分憔悴，但是保住了性命。手术后她由女儿女婿照料，康复得很快，出国之前打算治疗成功就回国，但是因为需要继续治疗，况且孩子也需要上学，为生活所迫，她开始进军股市，以超人的智慧和胆识闯出了自己的一片天地。然而她的心中，时刻挂念着仍在幽禁中的张学良。谁知一别，竟是那么多年，谁知一别，就再无相见之日。

1949年1月23日，张学良读报时，看到1月21日蒋介石宣布下野的声明："……本人因故不能视事……决定身先引退，由副总统李宗仁代行总统职权。"蒋介石是在内有白崇禧、李宗仁相胁，外有每个人不支持这种内忧外患的情况下"引退"的，其后回到家乡浙江奉化溪口，也是曾经关押过张学良的地方。如此下野他自然不会甘心，表面告老还乡，实际依然操纵着国民党大小事务。

李宗仁就任总统之后，在国民党已经失去半壁江山的情况下，立刻与中共和谈，并提出八项主张，其中的"释放政治犯"即包括释放张学良与杨虎城。

1月25日，张学良在《申报》上看到政府明令释放他的消息，他在日记上写："23日申报载，政府明令，余及杨虎城，恢复自由。"

寥寥数字，无悲无喜，看不出来情绪。大概是因为张学良此时很清楚，国民党政府是谁的政府，就算蒋介石下野了，也还是他的政府，他的威望如日中天之时都不愿意开释自己，如今败走麦城，他的话又能相信几分。蒋介石的言而无信，对他多次采取欺诈的手段，他都已经见识到了。

刘乙光却非常相信，他对张学良的态度变得尊敬许多，第二天就飞去台北请示，几天后托人给张学良送来消息："飞机已定，只等消息。"

2月1日，刘乙光返回井上温泉，表示事情有变，并要求张学良立刻搬迁："仍未告知去何处"。

2月2日，张学良一行夜里3点从井上温泉出发前去新竹飞机场，次日中午抵达台南岗山镇机场，机场有军用汽车等候，张学良和一荻下飞机后直奔高雄要塞，被秘密藏于要塞的兵舍中。

此次秘密转移令张学良彻底失望，这绝不会是释放他的前兆，而是继续囚禁他的意思。住在临时的兵舍，条件非常艰苦，因为转移太过匆忙，张学良和一荻什么东西都没有带，食品、书籍全都没有，刘乙光更禁止他看报，防止他知道这个敏感时候外界的消息。张学良每月无所事事，心里自然闷闷不乐，申报上释放他的"政府明令"更是形同笑话。

兵舍是临时的，非常简陋，四周警戒森严，唯有海边风景让久居深山的一荻和张学良感到稍稍轻松，可惜他们只能在有限的范围内散散步拍拍照。

据当时的特务回忆，突然半夜秘密转移，是因为李宗仁要求恢复张学良及杨虎城的自由，而蒋介石却未点头，自然成了一纸空文，国民党官员都表示不知二人身在何处，如此一来，各界呼声再高也只有不了了之。张学良和一荻在井上温泉时有很多人来拜访，此次秘密转移，他们就真正地消失在所有人的视线之中了。

1949 年 4 月，人民解放军跨过长江，占领南京。10 月，中华人民共和国成立，蒋介石退守台湾。自此海峡两岸形成对峙，断绝来往，其后的十几年，张学良和赵一荻的音讯如石沉大海。

而他们消失的十几年，也是他们多磨难的岁月。

2 月份张学良和一荻被秘密转移到兵舍，直到 5 月才从临时的兵舍搬到要塞上的一栋匆匆粉刷的旧房中。

此番"释放"到"转移"，张学良的心中真是如同千斤巨石一般沉重，一次又一次的"释放"，让他看到自己暗无天日的未来。

6 月初的时候，刘乙光去拜访蒋经国，张学良请他转述自己想见见蒋介石的愿望，他在日记中写道：我把我的意思表示一番，1. 蒋先生也为难，2. 我向何处去，3. 只有陪从，4. 托经国一见。这次他没有愤怒，他已经没有力气去愤怒了，他只有无穷无尽的无奈与沮丧。

然而，此时刚刚失去大好河山退守小岛的蒋介石正忙着重新部署杀回大陆，根本就不想见张学良。

张学良和一荻虽然失望沮丧，但是也只能打起精神开始新的生活，在高雄要塞，张学良不时会被一些高官宴请，奉为座上贵宾，他还和一荻一起游览了寿山、西子湾，那些风景非常美丽。很快，在这里生活了将近一年，然而，他们刚刚适应了高雄的生活，刘乙光又以高雄要塞成为"共"军空袭目标的理由转移回到井上温泉。

返回井上温泉是在 1950 年的 2 月，元旦刚过，张学良和一荻情绪都非常低落，在深山之中过着不知世事的日子，他们觉得很痛苦。

4 月的时候，张学良收到宋美龄的来信，她与张学良这些年来一直有书信联系，关系甚好，也一直很关照张学良和一荻，给了他们很多的帮助。宋美龄本许诺来探望他和四小姐，却因故不能来，并提到自己"身体不适"，希望张学良"仰头振作"，保证很快会来。直至 4 月底，张学良被刘乙光带去蒋介石的大溪官邸，与宋美龄会面。

分别十年，再见都已沧桑，上一次见面，是在奉化溪口，宋美龄宴请他和于凤至，如今，这么多年过去了，一个不再是第一夫人，一个已是苍老了的囚徒，一个远在海外。

时光荏苒，造化弄人，他们都不是当年的人了。

会面时间很短，匆匆吃过午饭张学良又被送回井上温泉，据他日记中记载，他向宋美龄提出了两个请求，一是于私情上想见一见蒋介石，而是为家用索取一些经济帮助。"两点半，夫人离去，余等返回，约晚九点半方到井上"。山路颠簸，张学良的心情却难得的高兴。

有了宋美龄的关照，张学良和一荻在井上温泉的生活好了很多，管制没有以前严厉，经济上也获得一些帮助，经常能收到家人的信件，节日也能收到宋美龄寄来的杂志等等。

也是因为有了宋美龄的帮助，他和远在美国的于凤至及他的子女才能经常以书信联系，闾琳、闾瑛和闾玕都住在美国，由于凤至照顾，张学良知道孩子们健康成长非常欣慰，虽然心中甚是想念。一荻亦非常想念孩子，她离开闾琳这么多年，如今能看到他的消息，终于能感受到一点母亲的幸福了。

渐渐的，张学良安然接受了被幽禁的日子，心有不甘，又能如何，如今他的心态更像一位老者和一位智者，安然处之，有一荻为伴，尚能怡然自乐。

他们被允许去的地方扩大了一些，张学良经常带着一荻去散步，看山中草木枯荣，散步、谈心、摄影这些相处的方式，让他们感觉彼此像多年的老夫老妻。一荻后来表示，如果没有被幽禁的岁月，他们可能不会一生一世，而张学良笑着表示同意。这种假设不一定是真的，但是起码可以说明，山中的这一段岁月，张学良抛弃了以前的抑郁，他的内心平静，像一杯有杂质的白开水沉淀之后的样子，而他和一荻的爱情，也因此变得这样纤尘不染，纯真动人。他们是一对普通的夫妻，虽然一荻现在仍然没有名分。有着最普通的幸福，牵着手便是最美好的事。他不再是不可一世的少帅，她也不再是清水出芙蓉的大家闺秀，他们是这深山之中，乡野之间，最普通、最平凡的夫妻。

褪却繁华，唯汝与吾，执手漫步林间，相伴常留青灯。

张学良喜欢爬山，一荻身体状况不好，无法经常陪他。张学良在井上温泉住在一间平房里，四周都是连绵的群山，他喜欢沿着屋后的山道登上山顶，每次到山顶他都会觉得非常痛快，再多的山坳也挡不住他遥望精彩世界的决心。身为囚徒他现在并不自怜，他的心胸到了一个前所未有的境界，很空，很宽，很辽阔。

心绪平静之后，张学良和一荻过得很安宁，他们过着最平凡的日子，虽然仍然没有自由，时光似乎没有以前难熬，他们在岁月中慢慢苍老，慢慢归于安宁。

第二年的时候，也就是1951年，在宋美龄的安排下，张学良见到了来自美国的故人伊雅格。伊雅格的到来让张学良感到非常开心，也非常惊讶。当初，一荻在美国托孤，就是将闾琳托付给伊雅格夫妇，后来，伊雅格安排闾琳在一个美国白人家庭中寄养，让闾琳开心地度过了他的童年。伊雅格与张家三代熟稔，而他本人也是张学良年轻时的挚友，是"可以引为终生的朋友"。宋美龄安排伊雅格与张学良见面，是让他可以更清楚地了解在美国的家人现在的生活处境。

　　和伊雅格见面与去年见宋美龄一样，都是在大溪蒋家府邸，次日，张学良返回井上温泉，车上载着满满的礼物、家信以及伊雅格送给他的支票。他的心情非常愉悦，迫不及待地想要回家与一荻分享。

　　11 月的时候，伊雅格再次来台，送了一台英文打字机让宋美龄转交给张学良，此后张学良用它给家人及友人写信。

　　在宋美龄和伊雅格的帮助下，张学良和一荻的山中生活改善了许多，心情也渐渐好了起来。

　　此后，张学良和一荻一直住在井上温泉，期间，张学良和宋美龄保持着密切的联系，宋美龄经常给张学良送来一些生活用品、节日礼品，还带来美国的家信。张学良和一荻心存感激，无以为报，也经常回赠一些礼品。从张学良的日记中，可以看到他们之间的礼尚往来，如 1952 年 4 月 21 日写道：蒋夫人来信，言前函因欠安，所以现在才复，又言欲观石田、石涛作品。5 月 1 日写道：蒋夫人信并附有手画一幅，杂志一本，罐头两打半。即复函谢。1953 年 2 月 12 日写道：台北送来年礼四包，系蒋夫人所寄。而张学良也总以自己收藏的画作回赠宋美龄，因为宋美龄喜爱画作，如 1954 年 3 月 14 日写道：上蒋夫人贺寿笺，附王石谷画轴。1957 年 3 月 10 日写道：上蒋夫人贺寿函，附钱东牡丹花立轴一幅。1958 年 3 月 30 日写道：上蒋夫人贺寿函，附程孟阳小轴松石。

　　张学良与宋美龄的感情深厚，一直持续了几十年，他们之间，是尊敬，是感激，是欣赏，是惺惺相惜。

　　在后来的回忆录中，张学良说，一生中有两位女性对他恩同再造，一是蒋宋美龄，一是赵一荻。

　　一荻在艰苦的岁月中伴他一生，给他鼓励，给他支持，给他安慰，用她的温柔，她的恬静，陪伴张学良走过一次又一次的绝境，这确实是难以忽视的恩情。

　　而宋美龄呢，年轻时张学良爱慕她，后来尊敬她，她是第一夫人，也是他一生的挚友和保护神。对宋美龄的丈夫蒋介石，张学良有愧疚，有怨恨，而对宋美龄，他怀念她的恩情，感激她的保护与帮助。他们之间的羁绊，纠缠一生，如此深沉，而又如此纯洁。

山中岁月催人老，时光流转，消磨了那一颗热血翻涌的心，于是愈安宁愈恬淡。

这未尝不是一件好事，他不是当年的少帅了，可是他在幽禁的生涯中，终于让自己的心灵获得了解放。等待他的是什么，都不重要，这一刻，他看着身边和自己一样容颜渐老的一荻，很安宁。

足矣。

# 贫贱夫妻百事哀

　　山中岁月平淡如水，一个已是普通的乡野村夫，一个变成温柔的居家妇人。执子之手，与子偕老，原以为岁月流转中，他们会一直就这样牵手走下去，直至永远。

　　然而，他们的生活却没有像想象中那样，一直平静地过下去。

　　1955 年之后，张学良和一荻的生活又跌落谷底，经历着一年又一年的多事之秋。

　　1955 年 1 月 12 日，是张学良到台湾以来最寒冷的一天。和记忆中阔别了 20 年的故乡一样寒冷，故乡在北国，每到冬季，就变成冰封素裹的银白世界，很美，记得一荻最初追随他而去，对这里的冰天雪地虽然不适应，却喜爱得很。而此时，在与故乡相隔千里的地方，又感受到与故乡相同的温度，可是心里，却怎么也快活不起来。张学良在日记中写道：天朗气清，恰有北方气候的风味，不觉有思乡之感。然而被幽囚在这里，他又能如何，于是只得安慰自己：大丈夫四海为家，何必恋于故土乎？

　　也就是在这时候开始，张学良和一荻的身体状况变得很糟糕。

　　这年春节，他和一荻被接到台北，说是过节，却住进了医院。1 月 22 日，换上冬衣，乘汽车去台北市区，张学良就住进了"国防部"保密局的医院。

除夕夜，台北热闹非凡，爆竹声声，张学良和一荻在寂静的深山中住了这么多年，反倒不习惯了。张学良在夜里徘徊，作诗一首抒发心中情感：万姓不减故乡心，除夕来个爆竹声。村佬入城眠不稳，梦中疑觉成金门。

次日，他写道：早7点，毛局长来寓所探视，言对余身体问题深为挂怀。并表示：体稍感衰弱，但精神安好。经过检查，张学良被诊断为慢性胃炎和精神性肠炎，需留院治疗。他已经年迈了，身体欠安也是自然，更何况长期被监禁，心情抑郁，生活艰苦，也难怪医生还告诫他食物需要合理化，因他严重缺乏维生素。这些自然不是他能控制的，曾经的少帅，如今也算穷困潦倒了，不禁令人惋叹。

一荻也做了检查，除了医治牙齿之外，还因为痔疮需要动手术，于是化名"曹一枫"住进第一总医院，也就是后来的荣民医院。从这一年年初开始，张学良和一荻平静的生活又起波澜。

3月14日，张学良独自一人返回井上温泉，而一荻因为手术仍然留在台北。相伴十余载，第一次分别，虽然因为疾病，虽然时间不会太久，但是一荻和张学良还是心中不安。

相伴这么多年，二人之间仍然有如此深重的牵挂，也是一种福气。他们以书信联系，分别这段时间，他们书信往来很密切，张学良给每封信标上序号，并在日记上记载一荻的病情变化。

朝夕相对不成怨偶，反而情愈坚意愈浓，这大概是因为二人都爱得无怨无悔，一心为对方着想，心中是满满的感激和情义吧。

4月底，一荻病愈，和陪伴她照顾她的佣人吴妈返回井上温泉。吴妈追随他们多年，胜似亲人，张学良和一荻在台北检查身体时，还特地请吴妈也检查一下，与其说是主仆情谊，不如说他们已经像亲人一样。

然而他们并没有从此一帆风顺，回井上温泉后，一荻仍然一直在新竹医院接受治疗，早上下山晚上上山。6月，一荻在去往新竹医院时，突然发现有尿血的现象，被诊断为膀胱结石，然而在新竹医院并未查出病因，因情况有所好转，所以张学良并未让一荻再去台北治疗。结果在8月中旬的时候，一荻又出现连续的尿血现象，并伴随腰痛。张学良这次不敢再忽视，急忙联系刘乙光送一荻去台北治疗。

前往台北的时候，一荻正高烧不退，张学良又不被允许一同前往，山路颠簸，他心中放心不下，唯有一路上电话询问，直到一荻在台北士林安顿下来，才松一口气。

1955年对于他们来说，真是一个不幸的年份，受疾病所扰，又饱受相思之苦。一荻走后，张学良面对第二次短暂的离别，一个人在深山之中寂寞异常。一个人看山中花草，看日出日落，偶尔独自散步，逗逗小动物，并没有感到闲情逸致带来丝毫的愉悦，反而更加无聊落寞。没有一荻陪伴他谈天说地、牵手走过小桥流水，这大山，仿佛只有他一人，只有他一人被困于此。

一座城沦陷了，只为了成全一对恋人，这是张爱玲笔下范柳原与白流苏的爱情童话。

一个世界沦陷了，亦是为了成全一对恋人，这是现实中张学良与赵一荻的世纪之恋。

若不是被困二十载，若不是这悠悠的山中岁月，他又怎会独独对她一心一意，一生一世呢？他又怎会看清自己的心，其实离开了战火纷飞的沙场，离开了统率千军万马的位子，将小桥流水人家、红颜知己相随的生活亦能过得优哉。

与一荻分别的日子里，他的日记本里，满满的都是她的名字。

8月19日写道：老刘由台北返回，带来Edith（赵一荻）的信，知Edith已入中心诊所，病是膀胱炎或肾盂肾炎，仍在检查中，病况已大见好。

8月27日写道：Edith来了三封信，告诉我她的病况等。

此后的日记中也常常记载一荻的病情。二人小别，书信联系不断，还时常在日记中记载思念与牵挂，情之所至不言而喻。可贵的是他们仍然像热恋中的少年一样想着对方，用最淳朴的方式表示着自己的心意。

9月份的时候下了几场大雨，井上温泉通往竹东的路出现大面积滑坡，山路崩坏，交通阻绝。原本病情好转计划回井上温泉的一荻只有继续在医院待下去了。她的身体已无大碍，只是留在医院镶牙，竹东到井上温泉的公路需要20多天才能修复，张学良只得给一荻写信，让她不要烦躁，安心镶牙。

分别一个多月，张学良甚是想念一荻，然而她现在无法返回井上温泉。他只能独自一人打理一下菜园，发发呆，读读书，又因气候变化身体不适，张学良感到百般难受。自作歌一首：行年五十五，不远再度臣仆，富贵荣华如浮云，但愿苍生脱苦。

夕阳映着一位孤独老者的悲伤，无穷无尽，无休无止。

一荻回来已是中秋节之后。真不知中秋之时，张学良一人独居深山，因公路阻塞收不到任何人送来的礼品，无人相伴，对影独酌，喝罢回屋给女主人写信的感觉是怎样的苍凉之至。

幸而一荻归来了，此时已是10月15日，分别了两个月，其间一荻寄回来27封信，如此频繁的书信往来，是因为彼此都太过挂念吧。

这一年，张学良因为长期艰苦的生活，健康已受到严重损害，视力急速下降，一只耳朵完全失聪，只能依靠助听器，而一荻更是在医院经历多次手术，然而，当他们两次分离再团聚之后，他们的生活并未恢复平静，而是迎来新的挑战。

1956年，"西安事变"发生二十周年，也许时间只是一个巧合，然而，就是在这一年，蒋介石突然想起张学良，想起"西安事变"，然而，不是想见他，也不是想释放他，而是想让写所谓的回忆录。

发动"西安事变"，张学良是出于民族大义，他不后悔，然而，因之他所受到的巨大伤害，令他也不愿意再回忆这件事。更何况，奉命写回忆录，很多真实想法是根本不可以表露出来的，违心地去写自己根本不愿意回忆的事情，这实在是一件痛苦的事。1956 年 11 月，蒋介石频繁召见刘乙光，并让他转告张学良，不许收听中共的广播，也不许他同警卫人员接近。"西安事变"过了二十年，蒋介石要求对他实行的"管束"却一如既往的"严厉"。接着，蒋介石又命令他，"写一篇'西安事变'时同共产党勾结的事实经过"，并再三嘱咐要真实写来，说此为历史上一重大事件。

山中岁月催人老，张学良承认，他已经老了，他现在只想安安静静这让生活，如果可以获得自由当然更好，如果不可以，也只得作罢，他已经很多年不想"西安事变"那件事了，如今，却收到这样的命令。这让他彻夜难眠，"前思后想，反复追思，真不知如何下笔"。

他曾下定决心再不想此事，然而现在却又不得不写。既然要写，他便决定"不计个人利害，详述前因后果"，关于"西安事变"的这篇稿子，张学良写了很久，后来，蒋介石和蒋经国多次审阅，多次退回要求张学良修改，这让张学良痛苦万分。如果是可以完全按照自己的意愿写这篇稿子，倒也无妨，然而，他现在受命写"西安事变"，自然忌讳诸多。在日记中他也表示：余真不知如何下笔，不能不写真实，又不能不为长者讳。夜中未得好睡，再三思量，已得写法，真而可讳也。

从被要求写回忆录，张学良感到噩梦又回来了，西安，西安，他这一辈子都绕不过去的结。成也西安，败也西安，因为它，他洗脱了"不抵抗将军"的罪名，成为民族英雄，永垂史册，因为它，他这大半生颠沛流离，远离家人，再无自由。

这篇命题的文稿，本是给蒋介石的私人信件，却被要求一再修改，而在终于获得蒋氏父子满意之后，他又被要求针对郭增恺写的"西安事变"感言写一篇驳论放在回忆录中。

"郭为何人，余已忘记，要把他插入，甚难写，弄得不三不四"，这是张学良在日记中的话，虽然没有明确抱怨蒋介石，但是心中的愤懑还是显而易见。一荻见此，也非常难过，她知道张学良不愿记起这些事，更不想写什么回忆录，然而，她唯一能帮他的，只是帮他修改文稿而已。

多次修改之后，信件又被交到蒋介石手中，他表示很满意，张学良趁机提出请求蒋介石给他一个机会让他参加"国民党将官班培训"，蒋介石欣然应允，而后又表示恐外人不谅解，引起误会和猜测，请张学良先写一本书。蒋介石的再一次出尔反尔令张学良非常愤怒，他本来希望趁"培训"的机会可以离开井上温泉，以后也许有机会恢复自由。

蒋介石要求张学良写书，这对他来说，无异于"文字狱"，他是一名军人，虽然很有才情，可是逼他写书还是令他暴躁异常。刚刚从一个月的文字柱梏中解放出来，现在又要写书，张学良"心中十分难过，一夜未能成眠"。在这种精神折磨下，张学良的心情非常抑郁，12月28日，他在日记中写道：蠢性又发，在老刘处，大发牢骚。回来胡写信……脾气的暴躁和精神的失控可见一斑。

1956年末，张学良写了几句诗：昨夜一阵潇潇雨，狂风吹去满天云。

诗中没有抒情，似乎看不出悲喜，然而就是简单的写景，却是一片苍凉上心头。

次年，也就是1957年，张学良的生活没有多大的改善，在这一年，蒋介石送了他一本蓝色的日记本，从此，他的日记出现了两个版本，而蓝色的那本，大概是给蒋介石过目的。第一页上写道：蒋"总统"亲手交与刘乙光转来者，毅庵谨志，1956年12月24日于清泉。奉命写一本《杂忆随感漫录》送呈阅。一改往日有事则记无事跳过的习惯，这本蓝色的日记本，每天皆有记录，大多是零碎的读书感想，并无重要的事情，因为这本日记，将要送与人阅读。

没有了人身自由，现在，连精神自由也没有。

1957年4月12日，"蒋'总统'所命写述之件，已拖稿缮就，命名为《杂忆随感漫录》，装订完竣"，这本书张学良笔耕不辍写了四个月，其间生病发烧都没有停止。

然而他所遭受的"文字狱"并没有结束，蒋介石要求他重新抄录一遍，又将去年写的那篇关于"西安事变"的文稿改为《西安事变反省录》并重新抄录，一份私人信件，却"拟给诸高级将领参考"，最终以《西安事变忏悔录》流传于世。张学良若是早知这样的结果，怕是不肯写这样的材料吧。

8月，蒋氏父子又要求张学良写《苏俄在中国》的读后感，这本书是蒋介石的著作，蒋介石的"用心良苦"，真是可见一斑啊。

大半年来，张学良都忙于写蒋介石的"命题文稿"，《苏俄在中国》读后感写完之后，他终于轻松了一些，可是，刚刚放松下来，他又要经历新一轮的迁徙。新的住所在高雄，即将离开井上温泉，张学良和一荻都感到非常失落，毕竟在这里，他们度过了十年，十载春秋，包含了他们的多少悲欢和记忆。

1957年10月24日，张学良和一荻离开井上温泉，离开这座他们生活了十年的大山。"早四点起床，中午到嘉义，晚六点抵高雄，寓于西子湾的石为开的宅子"，值得庆幸的是，这次的住所，与从前相比，条件好得多，"房屋宽阔，环境幽美，为二十余年来最舒适的住所"。

而从1955年以来，他们紧张痛苦的生活状态也终于有了改善，闲暇时出门散步，西子湾的风景很美。与亲人朋友们恢复通信，过去的一年多，因张学良受到的监管变得严密，与他们已经许久未联系了。在举目远眺海洋时，他诗兴大发，写道：沧海在望，莫测高深；涛怒岳撼，静浪如茵；轮航万里，筏济渔人；鱼龙凭跃，江汉归心。诗中表现的苍茫大气浑然天成，少帅心中的宽广天地似乎又回来了。

"这一年，又是这样地过去了！白发增，岁月短，嬉性不改，自惭，自惭，看明年如何？"

明年，新的一年，会有新的希望吗？

# 第 五 卷

执子之手愿偕老

# 英雄迟暮叹浮生

英雄末路，美人迟暮，世间种种，或美好，或悲伤，终为一抔尘土，留下唏嘘几分，感叹几声。问何处是归路，天地茫茫，古往今来，无非痛心疾首，抱憾归去，抑或是褪尽繁华，安度晚年。

幸运的是，张学良与一荻，我们的主人公，他们的结局，是后者。

半生戎马，半生蹉跎。

半生荣华，半生流离。

最终归于平静，生死相守，白首不相离。

所有的苦难，所有的不甘，所有的狼狈与闪躲，最终随风而去，山中岁月的洗礼，大半个中国的漂泊，他们有怨亦有恨，却终于释怀。

迁至高雄西子湾后，张学良和一荻的生活很闲适，也自悠然。此时的张学良和一荻都渐渐苍老，从现存的照片来看，当时的张学良，头发谢了很多，脸上皱纹丛生，体态佝偻，与年轻时英姿飒爽的少帅判若两人。而一荻，她依然优雅，依然温婉，然岁月也无情地在她的脸上留下了印记，其实她最美好的年纪，都花费在了深山老林之中，无人欣赏，却独独成了张学良一个人一生最美的风景。张学良的相机中，她是永远的主角，不同的季节，不同的服装，不同的姿态，她素面朝天，嫣然而立，便融化了他郁结已久，伤痕累累的那颗心。

在高雄的生活总体安定，但是当中依然充满波折，幸而最终尘埃落定。

最初来高雄，刚从文字狱里解脱出来的张学良和一荻的心情变得轻松不少，生活也变得丰富多彩，当然，是相对井上温泉的深山生活来讲。然而很快又陷入忧愁，因为写了这么多东西，又被迁往高雄，张学良本以为自己有恢复自由的希望，而现在看来，似乎这个希望又会变成失望。在 1958 年 3 月 26 日，他在日记中写道：晚饭后，大雨一阵，尔后全夜雷雨。从我们到高雄以来这是第一次透雨，日来旱象已成，农工皆盼雨，"好雨知时节"。唯余不能赋喜诗也。

正所谓，乐景衬哀情，一场及时的好雨，解救灾情，解救农民于水火之中，这是令人欣慰和开心的一件事。然而，所有人都感到开心的时候，张学良，一个非常关心民生的人，却完全无法融入这样的欢乐气氛。因为此时他的心里，实在是非常痛苦和压抑啊。

5 月份的时候，宋美龄突然来访。虽然她和张学良私交甚密，一直也保持着频繁的通信，但是毕竟身份不同，她的突然来访还是令张学良慌乱不已。而更慌乱的，是一荻。

一荻从来没有见过这位张学良感激一生的蒋夫人，虽然她知道，若不是蒋夫人，张学良多年前可能性命难保，同样也是因为蒋夫人，他们现在的生活才能稍有起色。对这位身份尊贵的蒋夫人，一荻的心里更多的是敬畏，而不是亲切，加上她素来谨慎敏锐，被关这么久，对突然造访的蒋夫人怎么都热情不起来。宋美龄亦是第一次见赵一荻，她与张学良的通信中经常提到"凤姐姐"于凤至，却从未提到一荻，她听闻一荻是个蕙质兰心的女子，然而此次见她却不免失望。长期幽禁的摧残，再聪慧美丽讨人喜欢的女子，面对陌生人，也会有因为过分的戒备而表情呆滞吧，更何况，她已经不年轻了。只有面对张学良，才会因为爱意而温柔那一颗沧桑的心，她才依然会是那个善解人意、风情万种的女子，是时光流转中站成永恒的姿态。

宋美龄即将去往美国，她让张学良写了很多家信带过去，也和张学良谈了许多话，政治、生活，他们一如既往地对彼此坦然。张学良请宋美龄转告蒋介石，他想见他一面，来台湾十多载，他一直想见蒋介石，也提出过多次请求，却从未被应允。他说："对于名禄无所希求，但仍愿为人类和国家，在有限的余生，再有所贡献……"情真意切，却又令人悲伤，因为这样一个为国为民的爱国将军，却在时光中虚耗着他最珍贵的年华。

宋美龄的来访使张学良振作不少，她对张学良一直有如此大的影响，就像从前她的那一句"仰头振作"让张学良始终不忘。此后，他携一获经常出门游玩，虽然能够去的地方不多，但是每一处，都留下美好的回忆。由于请宋美龄转达的想见蒋介石的请求未得到回复，张学良决定自己做出努力，然而他能做什么呢？想起前段时间一直饱受写书的折磨，张学良萌生了一个想法。他和刘乙光提出想为"上峰"写一篇东西，"上峰"，即上级军官，张学良的意思很明白，蒋介石不是要看他的思想有没有转变和"进步"吗，不是希望他认错忏悔吗，他现在已经愿意认错了，愿意主动写关于"西安事变"的文章了。

刘乙光非常高兴，表示张学良愿意写的话他会帮忙送达到蒋介石那里的。对于张学良来说，从被迫写书，到现在主动写这一类文章，确实是难能可贵的转变，他并没有真的做错什么，但是他希望为自己争取一些东西，如果说，主动写这篇文章，是一种屈辱，是一种屈服，那么他愿意，如果这种屈服能够换得他的自由，他愿意。

也许这也被归结为张学良身上的历史局限性，他反蒋，却不彻底，他联共，却不坚决。是的，确实，如果说这是他的缺点也没有错，然而，他就是这样的一个人，他发动"西安事变"，是为了中国是为了人民，他主动写忏悔的文章，又何曾不是呢，想为了国家再尽一份力，想趁着自己仍然可以苟延残喘时，再做一次英雄。他想恢复自由，是为了中国，因为他爱他的祖国，也是为了自己，一个牺牲如此巨大的将军，他渴望自由，难道有错吗？

文章的名字是《坦述"西安事变"痛苦的教训敬告世人》，题目很醒目，也容易懂，显而易见作者的悔意与他现在所持的政治观点，张学良希望这篇文章能让蒋氏父子看到自己的"思想转变"，再给自己一个机会。

与文章一起寄去的，还有一封医生的信函，讲述关于自己的眼疾的情况。说起这眼疾，是一个多月之前，在 7 月的高雄，阳光炽烈如火，在外游玩之后，张学良发现自己的眼睛一连几天看不清东西，尤其是左眼，不但看不清，而且看到的东西变形严重，眼睛里面还有黑点在移动。因为情况严重且一直不见好转，于是去医院检查，结果被诊断为"中心性网膜炎"，治疗一个多月后，仍不见好转。张学良把医生的信件寄过去的目的，不过是表示自己在这么糟糕的身体情况下还坚持写这篇文章，足以见诚意了。

蒋经国看过这篇文章之后召见刘乙光，并表示张学良所写的东西他已看过，甚为感动，已呈交给老先生，即蒋介石。因为张学良从不愿意写东西到主动去写，是"大有进步"，经过蒋介石同意，可以让张学良"移至台北治眼疾"。于是，9 月份，张学良携一荻驱车去台北。因为眼疾，无法写东西，张学良感到分外轻松，看病之余，拉着一荻到处游玩。台湾多山，而张学良又酷爱爬山，他去了很多著名的山，拍了很多美丽的照片。

在台北的时候，张学良和一荻住在北投幽雅招待所，是一处环境较舒适的地方。10 月份的时候，一位意外来客的到来，让张学良燃起了新的希望。这位意外来客，就是蒋介石的长子蒋经国。

对蒋经国，张学良并不陌生，然而却极少见面，很多年前，似乎是在贵阳见过一面，那是很久远的事情了。关于他们这次谈话，张学良写道：早九点蒋经国过寓来访，相谈之下，甚为欢畅……并道及我很想望一望老先生，以慰多年的思念，并说明我之志望，富贵于我如浮云，唯一想再一见故土耳。然而蒋经国只是"频频问其起居……如感寂寞，可以出去游玩，并要派电影赏阅"。虽然如此，但是张学良仍然感到非常开心。

蒋经国与张学良见面，也许是对他的嘉奖，也许是对他的试探，这些年来，张学良的事情他积极插手，也许说明，如果张学良一直未被释放，继承蒋介石的位子之后，对张学良的"管束"也将由他来接手。不管怎样，这次见面让蒋经国非常满意，也许正是因为这样，蒋介石才终于答应见他。

1958 年 11 月 23 日，张学良在幽禁生涯中和蒋介石第二次会面。

"三点一刻，蒋经国派其车来接"，见面的地点在溪口，在另一个的陪同下，张学良缓缓走进这座总统的府邸，之前每次来都是见宋美龄，而这次，是见蒋介石。一样的地方，却是完全不一样的心情。

张学良和蒋介石阔别十余载，再次相见会是怎样的心情，双方会是怎样的心情呢，我们不得而知。"总统你老了！""你头秃了"。然后便是"相对小为沉默"，这"沉默"二字，真是似千斤重，千言万语，在时光的消磨中，已经变得喑哑，沉默中，有着他们二十年的恩怨纠葛，有着他们无法描述的波涛汹涌。

然而，感情的决堤很快恢复了正常，张学良希望自由，蒋介石依然因为"西安事变"记恨他，他们各自的角色早已注定，必然无法好好地叙旧。

张学良向蒋介石表示了自己的忏悔之意，还谈了自己的读书计划，并希望蒋介石给他"推荐"应该看哪些书，而蒋介石说的依然是《大学》和《阳明传习录》，还不时提起"西安事变"对国家损失太大了。张学良能说什么呢，"闻之甚为难过，低头不能仰视"。短短半个小时的谈话过程中，蒋介石一直十分冷淡，他对张学良说"好好读些书返回大陆，你对于国家，还能有重大的贡献。"蒋介石真的是这样想吗，如果真的会让张学良返回大陆，又为什么对解禁、恢复自由只字不提，一个没有自由的人，何谈为国家做贡献，而在他最有可能为国家做出重大贡献的时候，又是谁，因为一己之恨毁灭了这个可能？

既然得不到释放，张学良自然是被遣送回高雄了，在眼疾治好之后，蒋经国亲自送他离开，此时，已经是 1959 年的 3 月份了。返回西子湾后，眼疾仍然不时复发，恢复自由的希望又彻底破灭，张学良感到非常烦闷，这个时期他作了一首诗：愿起高楼铸晓钟，力不逮兮眼朦胧。泪坠涛中空自去，如何流得到辽东。英雄迟暮，仍是壮志难酬。

在这样躁郁难平的生活中，张学良慢慢开始相信基督教，这也是受了宋美龄的影响，因为宋美龄是虔诚的基督徒，她经常和张学良说，"要有忍耐，这一切，都是上帝的安排"，并让他"多做祷告"。张学良什么时候能够被释放并不会按照宋美龄的意志为转移，她作为友人，唯一能做的，就是让张学良在自己深深相信的基督教福音中，找到心灵的归宿，一切都是主的安排，祈祷主能减少他所受的苦难。张学良早年对佛教深有研究，在宋美龄的影响下，开始信仰基督教，而一荻，则是在他的影响下，也开始信仰基督教。也许这是他们两个人的默契吧，就像他们给对方拍照片，永远是不用言说，就会取相同的景。

西子湾的生活和以前一样，宋美龄从美国返回后，依然对他和一荻照顾有加，他们与美国的家人也频繁通信，同时，在基督教的影响下，张学良感觉到心中慢慢恢复安宁。

在 1960 年 6 月 5 日的日记中，张学良写道：早 9 点 45 分，同 Edith 及刘氏夫妇到董大使寓所。Edith、刘太太、老刘同董夫人到荣民医院做礼拜。10 点 50 分我同董大使到士林礼拜堂做礼拜，由卢牧师祺沃讲马太福音十六、十三，说明磐石与钥匙之真谛。11 点 30 分许礼拜毕，总统返出时，夫人特向余个人握手，使得众人注目……

这段文字比较晦涩，讲述了张学良去做礼拜的事情，其实张学良的日记很多都是几句话而已，非常简略。之所以用大篇幅去记录这件事，是因为最后一句话，"夫人特向余个人握手，使得众目注视"。

对于张学良来说，这是一件重大的事，为什么，因为，这么多年来，他第一次在众人面前出现。此次来做礼拜的，有蒋介石，宋美龄，自然有其他国民党高官了，而消失了 20 多年的张学良，在这种场合出现在他们面前，虽然突然，却不突兀。张学良事后了解到宋美龄的用意，写道：夫人深情……使我没齿难忘。

除了基督教带给张学良心灵上的安慰，另一个不可忽视的事情，就是读书了。

幽禁那么多年，他最大的乐趣是读书，并且坚持读好书，写读书日记，一名武将，做到这样，真的很难得。

除了蒋介石的指定书籍，张学良也尽可能阅读其他的书籍。在他的读书笔记中，我们可以看到他对王阳明的"知""行""心""性"有很深地研究，对佛教亦有很深地研究。读书，让他时时刻刻保持着梦想，以及博大的胸襟。

比如其中的一篇写道：儒曰"仁者不忧，智者不惑"。佛曰"菩提萨埵中……无有恐怖，远离颠倒梦想"。这都是生死大关，我们把生死大义看得明白，惧是比较容易没有，可是忧虑、梦想，总是时时要有的。

像这样的文章很多，其一可见他文采卓尔不凡，其二，则是他时时以此勉励自己，不失梦想，不失本心。

而让他觉得安慰的是，一荻可以陪着他，不管是他改变信仰还是读书，一荻都可以陪伴他，因为她亦是满腹才情，聪慧异常。

也许离开了沙场，也许在这乡野之间，有红颜知己为伴，有笔墨纸砚为媒，他亦是幸福的。

我想，不止一刻，张学良，年迈的少帅，这样想，这样认为，这样相信。并且，这样幸福着。

# 悲喜交加基督情

生命的意义在于什么，没有人能够给出准确的答案，每个人的意义不同，正因为此，才需要不断地去追求。或者说，生命的意义也许就在于追求呢？因为不断地追求，终于越来越接近某种核心与本质的特性，也终于，有了被称为意义的体悟。

若是波澜不惊，心中茫然，如同困兽犹斗，唯有心中执念永存，生活方不会如同一潭死水。

这就是张学良和一荻的生活。张学良有执念，乃说的他对国家人民恒久的爱，一荻有执念，乃是她对张学良至死不渝的爱情。正因为此，他们被困多年，无论是平淡如水的山中岁月，还是颠沛流离的特殊时期，他们都不会磨灭生存与生活的意志，不会自暴自弃怨天尤人，正因为此，他们的心越走越宽，他们的人生越走越传奇。

与蒋介石的第二次会面，让张学良知道蒋短时期内不可能释放自己，心中的烦闷也很快自我消解，在基督教和书籍中，渐渐找回心中的安宁。然而，一次教堂做礼拜与宋美龄握手，他的生活，又变得不安宁起来，因为被推到众人面前，失踪已久的少帅，在教堂引起的轰动，一直持续到他的生活中。此后，一直寂静无比的西子湾，因为络绎不绝来拜访的客人，变得热闹起来。当然这所谓络绎不绝是相对于从前而已，他依然被"管束"，虽然没有以前那么严格，但是想随意见来客人，也是不现实的。

然而，老朋友的拜访，宋美龄的不时召见，蒋经国亲自为之祝寿，甚至为他买地建房，还是让一直无所事事的张学良一时之间忙得团团转。这让看守他的刘乙光感到心里非常不平衡，因为他再也没有办法像以前那样对待身份地位大为提高的张学良了，这让他大为光火。据张学良日记中的记载，刘乙光"大长脾气"，还"桀骜地指责我如同他的仆役"，然而张学良也只有在日记中或者和朋友发发牢骚，并未和刘乙光起正面冲突，一是因为大人不计小人过，二则是因为他和一荻马上要搬进新家，需要打理很多事情。

蒋经国为张学良买地建房，是因为张学良和一荻长期以来没有一个舒适的居住环境。关于房子的选址，也是几经波折，因为张学良不可能住在台北市区，张学良几次选择的地方蒋经国都不同意。最后，是蒋经国选中了一块地。这块地是台湾一位名叫许丙的大富豪私地，背倚阳明山东麓，朝阳而地势高耸，附近许多葱绿的竹林，前方不远还有一条美丽的小河，环境非常寂静幽深。然而，这样一块远离尘嚣的地方，又距北投的复兴岗街区不远，也可谓是闹中取静了。张学良和一荻来看过之后，非常满意。

一幢倚山而筑的二层小楼只用了半年就建成了。1960年的圣诞节，张学良和一荻在好友董显光家与其家人共度圣诞，还见到了许多其他的国民党官员以及友人，他们一起聚餐，然后一起做礼拜。随后，宋美龄也到来，并带来礼物。月末，张学良和一荻在新居所在的山上野餐，清风袭来，草木幽幽，虽心中亦是万般感慨，未来不可知，然而一切都在慢慢好转，新的一年即将到来，他们也会迎来新的希望。

移至新居之后，张学良和一荻一直忙于神学的学习，为了可以早一点受洗，他们加紧研究神学，看的基督教的书籍也从中文版换到了英文版，然而，在这个时候，一荻却病重了。早些年在高雄，一荻就被查出患有肺病，是由于她常年吸烟所致，为了健康着想，又在张学良的坚持下，一荻决定戒烟。然而，戒烟成功了，肺病却未因此痊愈。到1961年时，她的病情越来越重，宋美龄知道后，派来一位名叫戴费玛丽的英国女医生为她治疗。戴费玛丽知道一荻和张学良的故事，对她非常敬佩，一个敢于为爱情放弃一切的人，是一位伟大的女性。

在帮助一荻治疗的同时，戴费玛丽也作为一荻学习基督教的讲师，和一荻谈话时，戴费玛丽非常温柔亲切，然而给一荻讲《圣经》时却严厉异常。一荻在日记中有这样的描述：上帝给我们安排的一切真是非常奇妙，她先是派仆人和使女来带领我们一步一步地接近她，又给我们预备学校去学习，使我们能够领悟她的道。戴费玛莉就是上帝派来的使女。她对我们很严厉，可是没有她的严厉我们就无法学圣经。

戴费玛丽一直待在一荻身边，为她治疗，虽然她发现一荻的病情日益严重，希望可以送一荻去医院治疗，但是一直没有获得批准。直至1962年，一荻的肺病越来越严重，咯血的次数增多，在宋美龄的帮助下，她进入荣民总医院进行了系统的检查。胸外科主治医生卢光舜亲自为一荻拍下的 X 光片上，发现她右肺叶上有一块小小的阴影，这很有可能是早期肺癌的征兆，虽然不确定。这一天，是1962年5月13日，对于一荻和张学良来说，都是一个黑色的日子。

迁居之后的一年多时间，由于一荻生病，张学良陪伴她左右，二人心情一直不是很好，此刻的检查结果更让他们陷入绝望之中。医院成立了专门的治疗小组研究一荻的病情，采取保守治疗的方法，幸好一荻的病情在治疗之下有所好转。在医院住了几个月后，一荻回到家中，由戴费玛丽继续担任她的私人医生，到1962年冬天，她的病情已经得到控制，身体也好多了。在身体好转以后，赵一荻又恢复了中断多时的基督教神学的功课。她和戴费玛莉一起学习美南浸信会神学院寄来的神学函授课程，有时，她在张学良和戴费玛莉的陪同下，乘车前往士林的凯歌教堂。

在士林凯歌教堂，牧师会为她和张学良讲授神学。赵一荻的英文虽有功底，可是由于多年生病及到处迁徙，她已经不能直接阅读从美南浸信会神学院寄来的英文函授教材，于是戴费玛丽为她录制了可随时播放的录音，让她在病榻上也可以反复听。她和张学良就是在这种情况下坚持完成神学函授生学业的，由此也可以看出他们对神学的虔诚。

随着一荻的病情好转，家中也开始有了喜事。

最初是董显光夫妇从美国回到台北，他们到北投复兴岗探望张学良和赵一荻时，带来了他们的儿子张闾琳在美国结婚的照片。赵一荻在病床上看到照片热泪婆娑，她看见在洛杉矶明丽的阳光下，一对西装笔挺的青年男女亲昵相依在一棵硕大的棕榈树下，那是她的爱子和陈淑贞结婚时的合影。一荻高兴得落泪了。那是她当年由香港送到美国的闾琳，如今已经长成人了。他和一位同样有着非凡经历的广东军阀后裔结成了百年之好。早在半年前，赵一荻就从闾琳的来信中，得知了他正和陈淑贞女士共度爱河。陈淑贞作为陈济棠的侄女，和张学良的儿子结成伉俪也属门当户对。她为这桩婚事高兴得落泪。

而更让一荻欣喜的事情是，这一年的圣诞节，她的孩子，她三十多年前，冒着生命危险生下来的孩子，她二十多年前狠心送去美国的孩子，张闾琳，他回来了。

远在美国的闾琳，本来希望自己的母亲能够去美国为他主婚，同时，在美国接受肺病治疗，但是这个希望根本不切实际，蒋介石根本不会同意让一荻去美国。闾琳的婚礼最后是由张学良在美国的友人主持的，不是伊雅格，因为伊雅格在闾琳大婚前夕不幸逝世。

看到美丽的结婚照，得知闾琳的婚礼圆满完成，一荻非常开心，同时又感到悲凉，她不是一个好母亲，从来就不是一个好母亲，她最爱的儿子，她却缺席了他生命中每一个重要的场合，每一个需要她的阶段。

如今，连见他一面都是奢望。看到一荻伤心难过，张学良的友人董显光夫人感到于心不忍，同是女子，董夫人与一荻十分投缘，她想为一荻做一些事，于是去请求宋美龄，希望她可以允许闾琳回台湾探亲。多年以来，宋美龄对张学良和一荻的帮助非常大，她自然是同情一荻的，然而这件事她做不了主。

于是董氏夫妇去拜访蒋介石，在他们的劝说之下，蒋介石虽然不愿意，但是最终答应了闾琳回来探亲。

在一荻的心中，1962年的圣诞节，也许是她过得最快乐的一个圣诞节。这一天，北投复兴岗的张宅灯火灿烂，院子里弥漫着幸福喜悦的气息，这一天，一位32岁的年轻人携新婚妻子带着笑容来到一荻和张学良面前，他就是器宇不凡的闾琳和温柔可人的陈淑贞。

一荻当时的感觉是什么，是震惊，是喜悦，是不知所措。离开她22年的闾琳，此刻，站在五彩缤纷的灯笼下，绚丽的灯光在他英俊的脸上斑驳，显得非常不和谐，因为他的气质，似乎停留在遥远的美国彼岸。他微笑着，眉眼极似张学良年轻的时候，那样俊美，那样深邃。站在他身旁陪伴的陈淑贞，美丽大方，温柔如水，这让一荻非常满意，她自己不能照顾闾琳，从今以后，有一个温柔且十分爱闾琳的人伴他左右，她也感到十分安慰。

闾琳一直生长在美国，已经不会说中国话了，他用一口纯正的英文与一荻、张学良交流着。对于一荻和张学良来说，语言自然有一些障碍，他们感到淡淡的失落，然而，这也是没有办法的事情，虽然张学良一直希望他的孩子们能够为国家做贡献，奈何国家不容他们。

在这一年的冬季，另一件让一荻高兴的事，大概就是一直看守他们的刘乙光被调回保密局了。一荻不喜欢刘乙光，或许说得更准确一点，她讨厌刘乙光，对刘乙光的评价，一荻不多言，她只说了一句话，那就是：刘乙光，我恨他。一荻是个大度温柔的女子，如此评价一个人，绝对是她真的非常讨厌了。刘乙光和张学良的关系素来不好，他自私刻薄，行事没有分寸，张学良的日记中，多是对他的抱怨，没有一句感谢的话。然而，他也是这场政治阴谋中的牺牲品，他的妻子，由于长期生活在幽闭的环境中，精神失常，他的八个孩子，也都生活在这种环境中，没有一个正常快乐的童年，而他一生的时光，同样完全消耗在寂静的深山之中。

刘乙光向张学良辞行的时候，蒋经国亲自带着一套上好的红木家具来到北投复兴岗，一方面是给张学良送礼物。另一方面是接刘乙光回保密局。也就是从这个时候开始，蒋经国奉蒋介石的命令，直接代替他来管束张学良。因为刘乙光要离开，张学良特地为他举办了一场小型的送别宴，这让一荻非常不理解，但是既然张学良坚持她也就不再说什么了。出席这次宴会的，有蒋经国和一些国民党官员，还有张学良在台湾的一些亲友。这是来到台湾后，张学良赵一荻第一次见到他们的亲友，他们为此感到非常开心。

张学良和一荻的大度感动了刘乙光，他为自己曾经对他们的刻薄和自私感到后悔，送别宴上，他哭得很凄然，似乎明白自己的行为不仅给自己的家人带来不幸，还是对两个值得尊敬的人犯下了不可饶恕的罪过。

回到保密局后，刘乙光并没有升职，直至几年之后他退休，都一直被身边的人孤立和鄙夷。退休后他们一家人隐居在台北中华南路上一栋平房里。他的妻子仍然精神失常，不久即郁郁死去了。刘乙光就在那栋平房里打发着他凄凉的晚年时光。由于他从前的特殊职业，退休后，极少有朋友来拜访，他在这栋房子里，一直生活得非常寂寞。偶尔，会想起张学良和赵一荻，他们两个人是他一辈子最难忘也最亏欠的人。

后来刘乙光病逝，张学良和赵一荻还特地来吊唁他，相遇是一种缘分，无论这种缘分是好是坏。因为张学良和一荻始终是心怀善意的人，所以，才可以对深深伤害过他们的人，如此大度吧。

刘乙光的离开，蒋经国的放松管束，一荻的病情好转，他们的生活似乎又慢慢有了一丝希望。

到 1963 年的时候，一荻的身体情况恢复得非常乐观，她已经有兴致出门赏花。3 月份的时候，正是草长莺飞、百花争艳的季节，在这时候，宋美龄突然邀请她和张学良去凯歌教堂，这让一荻惊讶不已。

宋美龄是虔诚的基督教徒，蒋介石也是，他们会经常去凯歌教堂做礼拜。因为蒋介石在场，所以除了之前那一次在教堂握手，张学良再未去过教堂。所以对于这次宋美龄的突然邀约，一荻和张学良都不知其用意。其实，宋美龄要他们去教堂，是想和他们讨论关于受洗的问题，因为之前张学良和一荻就提出了他们希望受洗，而且经过这几年的刻苦研究，他们对《圣经》、对神学的理解已经非常深刻了。

然而，受洗却没有他们希望的那么顺利。宋美龄对他们是否真的信仰基督教很怀疑，在凯歌教堂，宋美龄一改往日亲切的容颜，非常严肃地质问他们对基督教的态度之类的问题，张学良和一荻从容作答，因为他们对基督教确是虔诚的信仰者。

然而，也许宋美龄的意图不在于此，因为她提出，基督教实行一夫一妻制，而张学良有妻子于凤至，现在又与一荻同居几十年，这是违背规定的。

听到这里，张学良和一荻觉得非常震惊和失落，夫人的意思是，他们不能受洗吗？

宋美龄接着提议，既然他们如此虔诚地希望受洗也不是不可以，只需要张学良和于凤至离婚，再和一荻结婚就好了。

姑且不提张学良和一荻的反应，于凤至这么多年在美国打拼，照顾张家的子嗣，苦等张学良这么多年，从未提出离婚再嫁之事，反而一直在美国奔走，为张学良的自由呼喊。而一荻，虽然陪伴自己这么久，无名无分，但是他们此时都已经到了这个年纪，做出这种决定，实在是无礼和荒唐。

　　一荻反对宋的提议，然而张学良先是沉默，然后同意了宋美龄的提议。

　　凯歌教堂里响起空灵的圣歌，一场婚礼也许即将在这里举行吧。

　　是福？是祸？

# 有情人终成眷属

　　关于婚礼，每个人都想用最精致最曼妙的词语，去描述它的浪漫，却仍嫌不够极致，不够动人。

　　一个充满鲜花的教堂，盛满祝福的气息，人的祝福，神的见证。一段美好的感情，在这里，在所有人的注视和祝福中，将得到永生。温柔的新娘，帅气的新郎，彼此起誓，一生一世，不离不弃。

　　那么，当祝福变成质疑，当新娘颜老色衰，当新郎头发花白，一场暮年的婚礼，它又是怎样的情景呢？

　　在我的心中，这场婚礼，却是有着无法用任何言语描述的美，这种美，它震慑人心，穿越历史，一直来到我们面前。

　　这场旷世婚礼在 1964 年 7 月 4 日举行，这一天，张学良和一荻已经相恋了 30 余载，一起度过了被幽禁的 20 多载岁月。这一天，张学良已经年过花甲，一荻也已经过了"知天命"的年纪。这一天，张学良穿上藏青色的长褂，依旧不减往日风采，一荻一袭素色的旗袍，鬓中一朵兰花，气质脱俗。这一天，他们的婚礼现场，兰花悠悠地开着，这是他们最爱的花。

　　婚礼是在台湾北投温泉附近的一座基督教堂里举行的。这座教堂规模不大，也很普通。教堂内没有电灯，而是点燃了无数根巨大的蜡烛，四周摆放着百余盆或含苞待放或鲜艳无比的名贵兰花，把整座教堂点缀得庄严美观。

在亲友的簇拥下，张学良和赵四小姐庄重地步入教堂，烛光映照在每一位来宾的脸上，映红了张学良和赵四小姐胸前的兰花，也映红了他们兴奋的脸。

在庄重的音乐声中，张学良和赵四小姐并肩携手，从教堂正门缓缓而来，频频向来宾点头致意。婚礼在优美的音乐声和淡淡的兰花幽香中庄严地进行，一荻笑得温婉，张学良笑得童真，他们迟到了那么多年的婚礼终于变成了现实。观众席上，张学良的旧友，以及众多国民党官员，看到这一幕，都非常感动。

他们终于有了结果，一个完美的结果。往昔一幕幕浮现在眼前，那张让他惊为天人的杂志封面照片，那个霓虹灯闪烁的盛大舞会，那场惊涛骇浪的海难，那列雪夜开往北国的火车，那段相濡以沫的艰苦岁月，那份劫后余生依然相守相依的深情。

据说可以天长地久的缘分，都是人世间不可多得的福分，很多人相恋，最后变为陌路，很多人相爱，最后只是敷衍。而今天，这场特殊的婚礼中，这对特殊的恋人，他们不一样。他们和所有人一样，有着最浪漫的邂逅，还比所有人都勇敢，一荻不是普通女子，她可以抛弃一切不计名分追随深爱的人，也可以在恋人沦为阶下囚时依然不离不弃，共同患难，他们的人生是比所有人都要传奇的故事，比所有人都要痛苦的时光，却也是比所有人都要幸福的人生。

女子的人生所为何？自古痴情女子的回答，便是那个一心人了，一生一世一双人，她得他，一心一意，她得他，白首不相离。

这便是最大的幸福。

有了爱情，便有了一切，这样的女子，是少见的，人生，有很多重要的事，可是能一直那么勇敢地追求本心而活的女子又有多少。所以，一荻是一位传奇的女子，她爱上的人是一个传奇，所以她成为史册上永远被怀念的女子，可是她这样的性子，爱上的人，即便不是张学良，亦不会是一个庸碌之人，亦不会是一个乏味的故事。

她生来便会是有故事的女子，和张学良厮守一生，不知是她的幸运，还是张学良的幸运。

婚礼结束后，张学良和赵四小姐缓步走出教堂，坐着装点着兰花的银白色婚车驶回住地。

张、赵两人的兰花婚礼，堪称千古绝唱。半个月之后，台北的《联合报》在第三版头条位置刊登了一篇报道，并冠以几行大字标题，十分惹人注目：

三十载冷暖岁月，当代冰霜爱情。

少帅赵四正式结婚。

红粉知己，白首缔盟。

文章中写道："与世隔绝27年的张学良，最近与赵四正式结婚……"

我们听到关于这场婚礼的描述，所有人都愿意相信，这仅仅是一场有情人终成眷属的童话故事，当然，这场婚礼确实唯美如童话，但是，它不仅仅是童话故事。

就像灰姑娘的水晶鞋，如果真的那么合脚，又为什么会在逃跑的时候遗失呢？

因为所有的美好故事，它都隐藏着那么一丝不如意，然而，即使如此，因为那些美好和光明，我们还是愿意原谅所有的不如意。

其实张学良和赵一荻结婚的第二天，这场隆重而又凄凉的婚礼就被一位《联合报》的记者获悉，他写出了一篇新闻稿。在准备刊发的时候，台湾几家有影响的大报同时闻讯，将《联合报》那篇2000字的新闻稿抢过来纷纷发排。可是，就在各报都准备隆重刊登这则旷古少见的特大新闻的时候，不料被国民党新闻局获知。于是一个电令，要求各报都取消刊载张学良与赵一荻结婚的新闻稿。因为"台湾"新闻局感到事关重大，自国民党撤到台湾以来，几十年里台湾的报上几乎从没有出现过张学良的名字，更不要说公开刊载他的近况了。所以，新闻局决定将这新闻稿的小样上报给总统府审批，最后几经磨难，由总统府秘书长张群亲笔在稿件上批示：将此消息压缩至1000字，只允许《联合报》一家刊登，也就是上面出现的这篇新闻。

由此我们便知道，即使是完美的婚礼，也会有难以启齿的无奈，更何况，他们的婚礼，有着更为深远的历史背景。

1963年，当宋美龄提出让张学良和于凤至离婚后，他曾纠结过，反抗过，最终妥协。而于凤至，知道这件事后，并没有像传闻中的那样，主动做出退步，她爱丈夫张学良，非常爱他，所以即使不能相见，即使以后不知道什么时候可以再见，她也绝对不愿意跟他离婚。为了让于凤至同意，国民党官员，也是张学良的昔日旧友张群亲自赴美国劝于凤至离婚。在于凤至后来的回忆录中，谈到这个问题，她很沉痛地表示："我思考再三，他们绝不肯给汉卿以自由。汉卿是笼中鸟，他们随时会捏死他，这个办法不成，会换另一个办法。为了保护汉卿的安全，我给这个独裁者签了字。但我要向世人说明，我不承认强加给我的、非法的所谓离婚、结婚……"

从于凤至的言语中，我们可以看到她对国民党有着深深的、毫不掩饰地厌恶，当然，这是理所当然的，她孤身一人在海外，对张学良的状况不是很了解，她只是希望他能得到自由，如若没有，她便笃定国民党依然在随意操纵她的丈夫。

为什么国民党逼迫张学良与于凤至离婚呢，恐怕不是为了让张学良和赵一荻受洗那么简单。

当年，于凤至在贵州幽禁地因被检查出左乳发生癌变，才经宋美龄暗助前往美国就医。临行前张学良叮嘱她：此行赴美就医，无论将来病情是否好转，都不要再返回贵州。他希望于凤至到美国后，设法把当时尚在英国读书的几个孩子转到美国继续学业，当然张氏此举的更深层含意是怕蒋介石有一天要斩草除根，而于凤至去美可为张家保存"骨血"和"人脉"。在谈到自己今后能不能去美国与于凤至相会时，张学良告诉她：只要蒋介石在世，他就绝对不会有出头之日。而他只要有一口气，也绝对不可能"认罪"。

基于上述原因，当 1964 年于凤至在美国听说张学良发表《忏悔录》的时候，她的第一感觉就是：张学良的《西安事变忏悔录》是假的，甚至是蒋介石及特务们以张学良的名义伪造的。当然，于凤至根本就不会知道，世事变幻莫测。张学良在长达二十多年的幽禁过后，此时公开见报的所谓《忏悔录》虽然是政治性的阴谋，但它绝对不像于凤至嗣后在美国公开对报界所说得那样："友人来问我究竟，我说这是汉卿和我早就预料到的，必然出现的事，只是想不到以这种形式出现。这是为了将蒋一伙被迫赶出大陆失败的责任推给汉卿，用以欺骗世人、欺骗台湾老百姓、欺骗蒋的追随者。"她的理由是："汉卿对'西安事变'始终认为是正确的，绝不承认有罪，何况他根本没有这个文学水准，以前许多文字都是秘书写的，赵四没有在学校念过什么书，也从来没有认真自修学习，并没有此文笔……"

可是，这一次于凤至在美国真正地想错了。因为她做梦也不会想到，这篇刊载在《希望》上不久又被台湾下令收回的所谓《忏悔录》，不但确是张学良亲笔所写，而且还是应蒋介石的要求不得不写的。只是这篇以长信方式上陈蒋介石有关"西安事变"经过的长文，并不是以"忏悔录"为主旨，而是以"回忆录"和"长信"的方式形成的，发出此信后又被台湾当局某些别有用心者利用并被冠以"忏悔录"三字对张学良进行丑化与诋毁罢了。

不明真相的于凤至借此在美国掀起一波"为夫叫屈"的传媒大战。《洛杉矶太阳报》首先刊发于凤至谈话，进而向台发难。接着《纽约时报》也载长文抨击台湾长期羁押张学良。由于张学良在西方的政治影响及于凤至女士借台湾"伪造"《忏悔录》一事在国会参众议员和司法界上层人士中的奔走呼号，很快就造成了对蒋介石极为不利的声势。这样，就引起了台湾当局对于凤至的强烈不满，其中不仅包括蒋介石父子，甚至也引起了宋美龄的不满，尽管于凤至与宋美龄始终姐妹相称并素有往来。于是，蒋介石有意改变对张学良的处置意见：与其长期幽禁而惹是生非，不如快刀斩乱麻以绝后患。这就是张学良和于凤至必须解除夫妻关系的政治背景。

这场动人的旷世婚礼，它的背后有着骇人的政治阴谋，新娘和新郎都是在这场阴谋中妥协的人。然而，令人欣慰的是，张学良、于凤至、一荻，都是豁达之人，尽管这不是他们所选择的事情，但是对于张学良和一荻而言，却是一种莫大的幸福。他们的爱情，终于有一个好结果。

而于凤至令人敬佩的则是，她接受了这场婚礼，就不再抱有执念，既然接受，那就是一种成全，那就不如大度地祝福。所以，在她写给一荻的信中有这样的一段话："转眼就是三年，荻妹，我只陪了汉卿三年，可是你却在牢中陪他二十多年。你的意志是一般女人所不能相比的，在我决心到美国治疗时，汉卿提出由你来代替我的主张，说真的，当时我心乱如麻。既想继续陪着他，又担心疾病转重，失去了医治的机会。按说你当时不来相陪也是有理由的，闾琳尚幼，且说香港生活安逸，我知你当时面临一个痛苦的选择，要么放弃闾琳，要么放弃汉卿，一个女人的心怎能经受如此的折磨？后来，你为了汉卿终于放弃了孩子……

荻妹，回首逝去的岁月，汉卿对于我的敬重，对我的真情都是难以忘怀的。其实，在旧中国，依汉卿的地位，三妻四妾也不为怪。可是汉卿到底是品格高尚的人，他为了尊重我，始终不肯给你以应得的名分……闾琳和鹏飞带回了汉卿的信，他在信中谈及他在受洗时不能同时有两个妻子。我听说后十分理解，事实上二十多年的患难生活，你早已成为汉卿真挚的知己和伴侣了，我对你的忠贞表示敬佩……现在我正式提出，为了尊重你和汉卿多年的患难深情，我同意与张学良解除婚姻关系，并且真诚地祝你们知己缔盟，偕老百年！特此专复，顺祝钧安！"

于凤至的这封信打消了张学良和赵一荻的顾虑，也解除了他们心中的歉疚。此后，张学良和一荻就一心一意筹备婚礼，毕竟，相伴三十余载，共结连理，是彼此都有的夙愿，张学良希望给一荻一个名分，而一荻，虽然早说过自己不求名分，但是毕竟是女子，能成为自己深爱之人的妻子，是一件多么幸福的事情啊！

无论是怎样的政治背景，或者这场婚礼是否是张学良和一荻自己主动提出的，在他们接受之后，就与其他所有人的婚礼别无二致了，一样是相爱的两个人，一样有着神的祝福，一样会厮守终生，为什么不会有一样的幸福呢？

那么他们确实是幸福的吧。我们是这样相信的，他们在婚礼上，一定很开心，这场婚礼，对他们，是一种莫大的幸福和安慰。

在此之前，张学良和一荻顺利受洗，在他们的婚礼前夕，仍然是凯歌教堂，在牧师问过问题、张学良和一荻表明自己对基督教的忠诚之后，牧师在他们的身上，洒下了圣水和鲜花。阳光很美，他们的脸上有安宁的笑容，此刻，那些磨难，那些无奈，似乎在信仰的虔诚中逐渐消散。

他们一起唱赞美诗，做祷告，庄严的仪式在亲友们伴唱的圣歌中结束。

下午，他们一同去离教堂不远的警察署，在那里，两位负责结婚登记的警官早已接到了宋美龄副官打来的电话。他们在这里为一对特殊的新人签署了婚姻证书，并签发了他们的结婚证。

几经波折，一对生死相守的恋人最终还是走进了婚姻的殿堂，尽管这场婚礼的背后，有着种种他们不可控制的东西，他们还是幸福的。

婚后，一荻的生活依然安宁，也许还多了一份幸福，毕竟，她现在是张学良的妻子。虽然她不在意一个称谓，可是，还是因此感到开心。她养了很多兰花，经常侍弄着它们，张学良也爱兰花，院子里清新幽雅，似乎还带着他们那场婚礼的余韵。如果能一直这样安安静静地生活，像世间所有的平凡的夫妻，也是极好的。

现在居住在台北，他们过得很自由，是相对于一般人来讲的那种自由，拜访朋友，下馆子，听戏，这些事，他们都可以做，很平凡很安宁的生活。

然而，他们毕竟不是普通人吧。一荻可以与张学良共富贵，同患难，什么样的生活她都不介意，然而张学良，一个在国际社会上都举足轻重的人，又怎么会满足于这种生活呢。他心中的苦闷，虽日益消解，却始终无法变得无影无踪。

# 政权更迭或解放

　　一场浪漫的暮年婚礼，一场隐秘的政治阴谋，都在一段旷世的爱情故事面前显得黯然失色。动人的，是张学良和赵一荻的爱情本身，所以，浪漫也好，悲凉也罢，这些都是不重要的，只要他和她还在一起，那么是阳光，是风雨，又有什么关系呢？

　　婚后，一荻的身体也还算健康，她精心侍弄着院子里的兰花，一如既往地照顾张学良，日子倒也清闲自在，然而仿佛早已注定，每当他们过着安宁的生活时，总会被一些事情所破坏，他们似乎永远也不得安宁，永远面对着未知的磨难，永远无法长久地拥有最简单的幸福。

　　1965 年，也就是婚后一年的夏季，一荻的肺病又突然复发，咯血、呕吐、身体极度虚弱。戴费玛丽此时依然在台湾，接到消息以后即刻赶往复兴岗的张宅，为一荻做诊治，并且留下来为她治疗。

　　平静的生活似乎又一夕回到了黑暗的日子，张学良为了一荻彻夜不眠，在戴费玛丽的诊治下，一荻的病情没有好转的迹象，反而越来越严重，且持续低烧。戴费玛丽对她的病症产生疑惑，曾经为一荻治疗过的荣民总医院医生卢光舜知道后，怀疑是肺癌，这让戴费玛丽备受打击，她陪伴一荻也有很多年了，她敬重这位伟大的女性，却亲眼看着她一次又一次地遭受不幸。到了秋季，一荻的病情丝毫没有好转，虽然戴费玛丽为她开了家庭病房。

这一年的深秋，在宋美龄的帮助下，一荻再一次住进了荣民总医院。

张学良夜以继日地守候在妻子的身旁，他已经头发花白，是一位真正的老者了，他看起来很脆弱，如果他的妻子出了什么事，他的世界就会完全崩塌。这些年，不，是这几十年来，一荻一直给他安慰，给他鼓励，给他支持，如果没有一荻，他会在寂寞和悲愤中万劫不复，他没有了全世界，他只有一荻了！

一荻咯血还是很严重，卢光舜医生此时却不肯为她做一次彻底的手术，因为就此时的医疗水平而言，风险太大，更何况，一荻是一位身份如此特殊的病人。

X光片的结果出来后，一荻被确诊为肺癌，情况太严峻了，不得不马上手术。一荻本来不肯，在张学良的劝说下，才同意做这个风险极大的胸外科手术。

幸运的是，手术十分成功。一荻醒过来时，张学良正坐在她身边，眼眶发红，布满血丝，戴费玛丽也含着泪光看着她。她第一次觉得，能活着，能再见到深爱的人，真是主的庇佑，是如此幸运！

经过一个漫长的冬季，一荻的身体逐渐复原，因为手术做得很彻底，加上彻底戒烟，此后，竟再未复发。

一荻病愈之后，对基督教更加忠诚，因为她坚信是神在庇佑她，而她对神学的研究也更深刻了，甚至以赵多加的化名出版了几本关于神学研究的书籍，引起了不小的轰动。

1968年，一荻在她的祷告词中，写下了她病愈后的感言：在医院养病的时候，我才知道上帝是多么爱我。他屡次把我从死亡中拯救出来，他使我明白，我所遭遇的不幸，都有他的美意。所有的灾难都是对我有益的。他借着这场病，让我知道人生的曲折和艰难。他让我知道人如果不经过磨难和痛苦，就不会体会到什么是真正的幸运和安乐。感谢主，又给了我一次重新生活的机会。我的灵程再次延长了，我要对上帝说一句：我会永生忠诚于上帝的！

而在她病愈之后，她和张学良受到的管束也放松许多，1966 年，她甚至前往美国探望闾琳夫妇，当然，是独身前往，张学良仍然没有离开台湾的自由。一荻在美国停留的时间不长，因为她心中记挂着张学良，没有她，张学良怕是连每天的饭都吃不好吧！台湾当局给了赵一荻一个多月的旅游时间，她却返回得如此迅速，因为她虽然思念闾琳，却更放心不下张学良。

美国之行令一荻心情大好，回国后，她向张学良讲述美国亲人们的情况和她的见闻，时隔多年，她未走出国门，何止是国门呢，画地为牢，她能接触的人与事有多少呢？虽然因为自己已经与这个世界脱轨而感到难过，然而能见到闾琳，依旧是一次令人感到兴奋和愉悦的旅行。

在复兴岗，张学良和一荻的生活又恢复了宁静，宁静而紧张，他们对神学的研究毫不放松，生活也因此变得充实而质朴。

时光悠悠，转眼到了 1970 年的深秋，一荻在这个寒冷的季节遭遇了一次严重摔伤，再一次进入了荣民总医院。即使在医院，她也坚持做基督教中的功课，可见其虔诚。她是因为张学良才开始信仰基督教，自己却最终取得了一番了不起的成就。

这些年，张学良的身体一直无恙。反而是一荻，大概是由于身体原因，一直多灾多难，荣民医院，成为复兴岗张宅之外第二个居住时间最长的地方。

1974 年，再一次，一次又一次，一荻因为红斑狼疮病进入了荣民总医院。红斑狼疮是一种可怕的血癌，在国内鲜有治疗成功的案例。

张学良在荣民总医院陪伴着处于崩溃边缘中的一荻，看着她痛苦的样子，心如刀割，可是无能为力。

荣民总医院的医生对一荻采取常规的国内疗法，即使用一种进口药物进行保守治疗。治疗的效果很不理想，因为这种药品毒性非常强烈，对身体伤害极大，一荻感到痛苦不已，张学良望着她日益憔悴，亦是焦急万分。由于不见治疗效果，一荻又感到痛苦，如果这是她生命之中的最后时光，她不希望自己是在医院这样煎熬地度过。在一荻的坚持下，她出院了，抱着必死之心去珍惜每一天，和张学良在台湾岛内旅行，一荻的病情竟然奇迹般的有所好转。后来，在宋美龄的安排下，一荻再次入院，这一次，是在宋美龄和她侄女孔令伟合开的振兴医院血液科进行治疗，振兴医院有宋美龄入股资助，斥巨资引进先进的美国医疗设备，又请来一些医术卓越的美国医师坐诊，所以医疗水平非常先进。一荻在振兴医院进行救治，居然奇迹般的痊愈了，折磨她半年多的红斑狼疮逐渐消失。

也许这位多灾多难的痴情女子，终于是得到上天垂怜，才会一次又一次地发生奇迹。

这一年的圣诞节，正是一荻出院的日子，许多友人前来祝贺，一时之间，众人谈笑，其乐融融，预示着劫后余生的好运即将来临。

次年春季，一荻身体的恢复情况很乐观，张学良悬而未决的心也终于平静了许多。然而，清明节次日清晨，一荻却突然发现张学良眉宇之间结着无尽的哀愁，甚至悲痛的眼泪。

这一天，是 1975 年 4 月 6 日，这一天，蒋介石病逝。

一荻不解，甚至恼怒，她对蒋介石没有感情，她也不会明白此刻张学良心中的悲痛从何而来。

不顾一荻的不解与反对，张学良给蒋介石送了一副挽联，书曰：关怀之殷，情同骨肉；政见之争，宛如仇雠。

这副对联，也算一段佳话了，张学良不计前嫌，仍然将蒋介石当作挚友，拳拳心意令人感动。张学良与蒋介石之间的半生恩怨融合在短短的十六字中，也令人叹息。

张学良的悲痛是发自内心的，蒋介石逝世，他不仅送挽联，还去谒陵，这些行为得不到一荻的赞同，他感到很无奈。

蒋介石逝世之后，宋美龄离开台湾前往美国，一荻和张学良也就失去了最大的庇护，复兴岗的看管突然又一度变得严厉起来。一荻感到惆怅，他们的未来似乎因为这一变故又变得迷离。

此后的年间，似乎没有多大波折，国民党对外宣传张学良和一荻已在台湾境内获得完全的自由，外界则是猜测不断，反反复复，张学良和一荻却已绝望，情知台湾当局不愿释放他们。直到 1988 年，美国东北大学旅美校友会在美国将争取张学良的自由运动推向高潮，他们在报刊上发表犀利的言辞，在社会上引起强烈的反响，台湾当局感受到巨大的压力。为了平息这场运动，否决外界的猜测，张学良被迫写下了一则声明。

3 月 25 日，台湾各大报刊都刊载了由张学良口授、夫人赵一荻记录的《张学良声明》：

学良迁居台湾以后，平时生活简单宁静。与内子莳花、饲鱼、读书，怡然自乐，深足自慰。多年前信奉耶稣基督，勤于灵修，颇有领悟，不问外事。近来社会各方对良颇表关怀，至为感激。但评论所道，不无失实。良为保持一贯之平静，雅不欲有所多言，无奈连日造访寒舍人士，络绎不绝。使良失去居家安宁，不得不作如下几点说明：

一、本人与内子日常生活行动，一向自由，并无受到任何限制，亦不愿改变目前宁静之生活方式。

二、良因年事已高，视听衰退，且往者已逝，故不愿接见宾客探视或接受采访，务恳各方善意人士勿再劳驾枉顾。

三、海内外团体对良邀请参加集会或作讲演，遵医嘱概予谢辞，函电亦恕不答复。

良目下心情，如保罗在腓立比书 3 章 8 节所说：我为他已丢弃万事看作粪土。14 节又说：忘记背后，努力面前的，向着杆竿直跑，要得上帝在耶稣基督里从上面召我来得的奖赏。以上各点均系出自肺腑，敬请惠谅。

虽然声明被各大报刊广泛转载，然而为了张学良的自由而奔走的人却并不相信，自然也不会放弃，他们发表演讲，撰写文章，奔走呼告，将张学良再一次推向国际社会的视线之中。

在舆论的压力之下，张学良获得的自由程度确实更大了，看管变得松动许多，1989 年，他甚至可以与大陆的好友通信。

1990 年 5 月 17 日，台湾的《中国时报》率先暴出一条使海峡两岸、甚至于世界都为之震惊的新闻：《张群等发起为张学良九秩祝寿》！

新闻称："西安事变"主角张学良九秩大寿的扩大祝寿活动，将于今年 6 月 1 日在台北圆山大饭店举行。这是民国二十五年"双十二西安事变"后 54 年来，张学良个人首次公开做寿。据了解，这次张学良的 90 岁扩大祝寿活动，系由总统府资政张群发起，秦孝仪、张继正、何世礼、唐德刚等人策划，张汉卿先生九秩寿庆筹备会邀请函有 80 位党政要员署名。目前祝寿筹备会已发出 200 张以上的请帖，此次为张学良扩大祝寿，除了获得数十年不参加公开活动的张学良本人同意外，相信已取得党政高层人物相当的默契与共识。今年 6 月 1 日举办的张学良九秩大庆，其夫人赵一荻女士，张学良原配夫人于凤至所生两子一女，都将出席寿宴。

与此同时，设在美国纽约曼哈顿中城的东北大学在美校友会、在华盛顿的东北同乡会，分别收到了从台北寄来的张汉卿九秩寿庆请柬。此柬大红烫金，印刷精美。在美国一直为张学良自由奔走呼号的张捷迁、唐德刚、王冀等华裔学者，也均名列其中。

张学良公开祝寿，这是获得自由的先声，也是外界为张学良的自由而奔走的成果。他公开祝寿的消息，不但在海峡两岸引人注目，而且在世界上也引起了舆论的轰动。张学良作为对中国近代史有一定影响的传奇人物，他在沉默了半个世纪以后，将首次公开露面，这究竟意味着什么呢？海外报界舆论哗然。有人认为沉默了54年的少帅，公开祝寿的本身，就意味着是国民党对张学良的一种平反，甚至也有人认为这是张群等人努力与国民党高层有意安排的一种不谋而合。

不管怎样，张学良的90大寿还是办得风风光光的，各界人士均有到场，亦有很多记者，实际上，从这次公开露面之后，张学良基本上算是获得了真正的自由。这也与台湾政治局势的变化有关，蒋经国在1988年已宣布下野，继任"总统"的是李登辉，他上台之后，对张学良的管束宽限了许多，如今，在各界压力之下，允许为张学良公开办寿宴，也就是默许了他的自由。

宴会上，张学良非常开心，虽然不可避免地被问起他最不愿意提及的"西安事变"，然而，重新回到众人的视线之中，重新拥抱自由的感觉，令他已经苍老的心瞬间充满活力。他已经90岁高龄了，从英姿飒爽的年轻将军，变为白发斑驳的耄耋老人，他经历了太多太多，似一头被关在笼子里的雄狮此刻依稀可以望见昔日风采，却再也没有当年的雄心壮志。

再也不可能有了，他老了。

张学良，他老了，他真的老了！

有多久没有经历过这样盛大的宴会了，上一次是和一荻擦肩的那场，还是受到蒋介石亲自接待的那场，他记不清了，他的记忆已经在时间的折磨下变得模糊，能记得的事很少了，关于一荻，关于蒋介石，却是无比清晰。

宴会之后，他真的变为自由之身了，为什么，有那么一丝恍惚。太久了，他离开这个世界太久了，以至于他无法自然地呼吸这个世界的空气。

也自然是欣喜的，却没有从前想象中的那种程度的快乐，反而更多的是安宁，他的心已如沉水，很静，好的事情欣然接受，不好的事情，泰然处之，卑鄙的事情，隔岸观火。

也许超然，是更大的幸福也说不定了？

经历了那么多悲欢离合，一切回归远点，他和她，依然在一起，携手并进，他和她，重新拥抱自由的蓝天。

# 美好夏威夷时光

时光悠悠，却并不是宽容的流逝，她要在每个人的脸上划出一道又一道的皱纹，青丝一夕为白发，容颜易老，壮志难酬。

幸运的是，一对经历过生死悲欢的世纪恋人，终于重获自由，也算一个相对美好的结局吧。

张学良 90 大寿之后，和一荻在台湾几乎完全获得了自由，他们申请赴美探亲也获得批准。1991 年 3 月 10 日，台北桃园国际机场，有两位特殊的客人，他们自然就是张学良和赵一荻了。

此刻，两位老人相互搀扶着，登上了停机坪上飞往美国的波音客机。张学良此刻的心情是激动的，被囚禁这么多年，他已经不奢望有一天可以离开他的囚笼，飞往一个新的世界，那个世界依然有他的家人，有他的爱人，有他的自由，那是一直梦想再次拥有的东西。

飞机飞行在茫茫云海，一荻握着张学良的手，她感到很幸福，终于，这一次，可以一家团聚了。

这些年来，她独自去美国多次，可是张学良每次却不被允许，这让她感到难过，所以她真诚地祈求上帝，希望有一天，同为上帝虔诚信徒的张学良，也可以飞越到大洋彼岸，看望分别多年的家人。而现在，这个祈祷成了现实，看到张学良苍老的脸上因为兴奋而变得容光焕发，一荻不由得微笑，她笑起来仍然美丽，气质绝佳，依稀可见当年风采。

而这一事件，自然又是引起了轩然大波。张学良乘坐的飞机起飞后，报界便一片哗然，争相报道这件事，一对老年夫妇瞬间成为众人关注的焦点。次日，台湾许多报纸都被各种赫然醒目的大字标题覆盖，其中，《中国时报》上刊登了一篇名为《张学良赵四携手走过坎坷人生》的文章。这篇文章情真意切，令人非常感动，其中一段这样描写：隐身于近代史帷幕之后的张学良，得国内政治氛围趋清明之赐，终得自历史谜团中走出来。他虽然 90 高龄，但和他接触时，发现他极具幽默感和童心。见解亦灵活于常人。和他相扶挨过一生岁月的赵一荻女士，则流露出宗教濡染的赎世情怀。虽不复当年传言中赵四风流朱五狂的娇态，但却更彰显出岁月洗练过的面貌。张学良在行动上受夫人赵一荻女士的照顾很多，昨天在候机时，连喝茶也要喝夫人倒的茶。他又很得意地竖起拇指说：我内人的菜烧得最好。昨天登机时两位老人相互扶持着，赵四小姐则在他身后不忘嘘寒问暖。他们确是一对走过坎坷人生的真正伴侣。

这次的美国之行，张学良非常快乐，而一荻，则并不觉得十分如意，原因是，他们去美国之后便分开了，并未在一起，一荻住在洛杉矶闾琳的家中，而张学良则只身一人去了美国东部纽约。

以一荻与张学良之间的羁绊之深，她是断然不会放心让张学良一个人前往纽约的，那么此次是为何呢？原来，张学良去纽约，是为了见一位牵挂已久的老朋友，也是年轻时相逢相恋的一位红颜知己。她的名字叫蒋士云，也就是世人口中的"蒋四小姐""贝夫人"。

蒋士云出生在小桥流水的江南古城苏州。成长在商宦世家，从小天生丽质，聪颖好学，因排行第四，故而人称她为"蒋四小姐"。蒋士云从小接受良好的教育，还曾在法国巴黎留学，才情横溢，精通英法两种语言。留学回国后，她跻身于上流社会，因为美丽的容貌和卓越的才情受到众多人的追慕。

和张学良初遇，是在 1927 年的夏天，和一荻结识少帅的时间差不多，然而，彼时她只是一位清秀的江南小丫头，张学良自然没有过多地注意到她。再次相见是 1930 年，张学良在上海的宴会上再次邂逅蒋四小姐，此时她已是一位风姿绰约的沪上名媛了。张学良在上海逗留的几日，与蒋四小姐相交甚密，回到沈阳后，也不断收到她的来信和照片，显然，这位美丽又满腹才情的江南女子已经深深地爱上了风流倜傥的少帅。

次年，蒋士云不顾父母反对前往北京，只为和少帅表明她的一片痴心，情知没有名分，她依然难以割舍对少帅的情愫，这一点，和一荻何其的相似。然而，来到北京，她才知道了赵一荻的存在，而且，这位勇敢的赵四小姐，已经为张学良诞下爱子。蒋士云非常难过，她知道自己再也没有可能成为张学良身边的红颜知己了，为了不再影响张学良和于凤至、赵一荻的感情，她决定放弃，从此远赴欧洲，努力读书，开始新的生活。张学良对这位温柔美丽的女子甚是思念，偶尔在海外报刊上看到关于她在法国求学、在欧洲旅行以及随父亲出席各种官方活动的消息，便寄书函给她，却未曾收到过回复，因为蒋士云不想再干扰张学良的生活。后来她嫁给年长自己许多的中央银行总裁贝祖贻，二人感情一直很好。

张学良被幽禁之后，蒋士云还曾在丈夫贝祖贻的帮助下从美国飞往中国来探望他，无缘成为他的红颜知己，却一直像一位朋友一样真诚地关心他，蒋士云也算一位心胸坦荡且重情重义的女子了。

风流倜傥的少帅，大半生都处在被幽囚的境地，爱情故事却依然不少。他是那么优秀，那么尊贵，那么不可一世的将军，他的生命中，出现过很多女子，然而，可以陪他一生一世，不离不弃的，却只有赵四小姐。一荻知道，她现在是他的妻，她是唯一一个可以正大光明与张学良携手终老的女子，所以，张学良要去见蒋四，她不会阻止。

然而，女子，无论怎样深明大义，怎样温柔善良，在爱情面前，总是有那么一点私心的，她太爱张学良，放弃一切陪他在山中过了半个世纪的艰苦岁月，自然不希望看到他与其他的女子有牵绊。如此说来，也许被幽囚的时光反而是成全了她，让那个英雄成了她的一心人，一生一世。

此时蒋士云独居在曼哈顿花园街的豪宅中，贝祖贻已病逝，他们唯一的女儿每周周末会回家看望母亲。张学良的到来给了蒋士云莫大的安慰，此刻他们更像老友，畅叙真诚纯洁的友谊。

在纽约期间，张学良的所有活动都由蒋士云代为安排，每天的日程排得满满的，包括与当年他的部下、后为解放军将军的吕正操等重要客人的会面，与哥伦比亚大学口述历史部工作人员的接触，与哥伦比亚大留学生们的座谈等等，都是蒋士云代为联络和议定的。他们在纽约共同度过的 3 个月是两位老人一生中难忘的美好时光。而张学良的 91 岁华诞庆祝活动也是由蒋士云陪伴下进行的，一荻此时在洛杉矶因为生病无法前往。张学良在纽约待了三个月，这让一荻万分挂念，却又不便表露，毕竟，这是她对张学良的成全，她是他的妻子，自然希望他开心。

在美国的探亲，一直到 1991 年的秋天才结束，返回台湾之后，张学良曾申请返回祖国大陆探亲，却不被允许，虽然他得到了自由，但是仍然会受到一些限制。让一荻感到气愤的是，这一年冬天，她收到香港哥哥的来信，信中写道：吾儿即将在港结婚，届时谨望四妹与汉卿一同赴港欢庆，以圆阖家团聚之乐。一荻多么想回香港去参加亲人的婚礼啊，但是却被劝阻，她和张学良无法回香港，也无法回大陆。台湾海峡，浅浅的一湾海峡，却将他们两人返乡的愿望再次阻隔。

次年，也就是 1992 年，这一年，张学良和一荻再次申请去美国探亲，得到了准许。

第二次夫妻一起赴美探亲，到达美国时，已经是 1993 年。相对于第一次探亲来说，这一次并未引起多大的轰动，人们都认为传奇将军张学良和他一生的伴侣赵一荻会和上次一样，只是会见亲友而已，然而这一次，他们却再一次掀起了轩然大波，因为，这一次，他们在美国定居了下来。

虽然已经恢复自由，但是，定居美国又谈何容易，正如张学良无法如愿回到大陆一样，台湾方面对他的行为不可能完全坐视不理。在美国洛杉矶停留一段时间之后，张学良和一荻乘飞机飞往夏威夷，正是那个美丽的海岛，唤起了他们美丽的回忆和强烈的希望。

张学良的弟弟张学森一家此时定居夏威夷，张学良和一荻暂住在他家，夏威夷是一个风光明媚、四季如春的海岛，一荻非常喜欢这里的风景，正是因为如此，他们才萌生了定居夏威夷，在这里养老的想法。大陆，他们的故乡，他们回不去，台湾，他们被幽禁多年的海峡，他们不想回去。美好的记忆无处可寻，痛苦的记忆不愿再提。重新寻找一个美丽的地方，抛弃过去，幸福地度过晚年，岂不是更好？他们终于能自由自在地过自己想过的生活，不再去提往事，只是像所有老人一样，安度晚年。

为了防止台湾当局的干扰，张学良是以探亲和养病为由居住在夏威夷的，一方面，他们为了美国这边迟迟未发放绿卡发愁，另一方面，台湾那边还有很多事没有处理好，所以最开始在夏威夷定居，他们的生活并不轻松。后来，在亲人朋友的帮助下，张学良的收藏品等等在台湾举行了文物拍卖会，他的房子也被卖了，这才彻底与台湾脱离了关系，也相当于公开表明自己不会再回台湾。此时已经是 1994 年底了，他们在夏威夷居住了一年多时间，才处理好一切事物。

在夏威夷定居后，他们的生活是非常幸福的。一个四季如春的美丽海岛，波浪轻涌，彩霞绚丽，他们经常相互搀扶着在海边散步。时光过得很快，一切恍如隔世，多少年前，他们相恋时，也是这样在北戴河的海边散步，谈天说地，彼时，他们的眼睛里，因为有对方，所以熠熠发光。

然而，海风悠悠，吹不来故国的气息，吹不来时光的回忆。

他们已经年老，他们远离祖国，这又是一件多么悲伤的事情。

不久，两位老人相互搀扶着散步的身影不见了，取而代之的是，张学良推着轮椅，而一荻坐在轮椅上。她的身体已不是很好，无法自己散步了。这大半生的时光，似乎在轮椅的印记上渐渐变得清晰。

是的，这大半生，也就这样过去了。想想，真是难得，十几岁的花季少女，遇上少年英雄，从此坠入爱河便一发不可收拾。她的一生，几乎每时每刻，都是与张学良一起度过的，他是她生命中不可承受之重，他几乎成了她的生命。这世间繁华，他们一起看过，这人间沧桑，他们一起度过。据说美好的感情，比如轰轰烈烈的爱情，比如忠肝义胆的友情，皆因时间短暂，才得以永恒，恰似昙花一现，恰似烟花一瞬。除了他们，他们不是，他们也有轰轰烈烈，也有平淡如水，还有更多的孤寂、更多的痛苦折磨，可是他们之间的感情是如此美好，不需要凭借怀念的错觉，就能如此美好，就能得到永恒。

没有经历漫长时间磨砺的贝壳长不出珍珠，没有经历平淡岁月洗礼的爱情成不了永恒。所谓誓言，所谓相守，所谓不离不弃生死相许，所谓愿得一心人白首不相离，便是如此了。

还有什么奢求的呢？若说唯一的遗憾，也不过是无法叶落归根吧！

张学良一直希望回东北沈阳去看一看，他这一生，都被浓浓的乡愁烙下了深深的印记。"九·一八"，他失去了深爱的家园，彼时他还是年轻气盛的少帅，做了种种努力，却始终再也没有机会收复家园，大半个世纪了，他颠沛流离，始终无法再回到那片黑土地。一荻情知张学良思念故乡，但是由于身体原因和台湾方面的干涉，不可能回大陆，于是提议让他们的孩子闾琳代替他回国探望，张学良非常高兴，虽然自己没有办法回东北，但是由闾琳代替自己回去，也算了却自己的一桩心愿吧！

1994 年 5 月，东北沈阳春雨霏霏，9 日上午，沈阳火车站的一列火车中，下来了两位特殊的客人，他们就是张学良的儿子张闾琳，以及闾琳的妻子陈淑贞。闾琳对故乡没有什么记忆，自然也没有像父亲那样深重的感情，可是他知道父亲想念家乡，他希望为父亲完成这个夙愿。

张闾琳回到大陆，受到地方官员的亲切接待，虽然他是以旅美华裔航天专家的身份回来的，可是很明显，替少帅返乡以解乡愁才是他的真正目的。

抵达沈阳的当天下午，闾琳就迫不及待地携妻子来到位于沈阳大南门附近的张家旧宅大帅府参观，这是他小时候生活过的地方，也是父亲张学良和母亲赵一荻生活过的地方。这座始建于 1917 年的四合院及后边的大青楼，包括赵一荻当年居住的赵四小楼都被完整地保存下来，现在已经被政府辟为张学良将军纪念馆。虽然历经数十年的风雨沧桑，可是依然保持着它古色古香的风貌。

此后，闾琳又在沈阳参观了很多地方，包括大帅陵、北大营"九·一八"事变纪念塔、东北大学旧址、东三省讲武堂旧址与抚顺战犯管理所。这次替父返乡反而成了他的寻根之旅，看到这些历史陈迹，闾琳感觉自己与父亲的距离变近了，他开始了解一位爱国将军的如烟往事与半生荣辱。为了让张学良感到安慰，闾琳拍了很多照片和录像，准备带给父亲看。张学良在沈阳的旧部亲友也纷纷来看望闾琳夫妇，说起往事，声泪俱下，一时之间，场面极其感人。一些人还让闾琳给张学良带礼物，均是东北特产，以慰藉少帅思乡之心。张学良收到后非常感动，不久，从夏威夷千里迢迢寄回了一幅送给东北军旧部的题词：鹤有归巢梦，云无出岫心。

闾琳的祖国之行，给了张学良莫大的慰藉，尤其是看到照片、录像和东北军旧部等人送给他的礼物，不禁潸然泪下，哭得像个小孩。

此后，闾琳又多次回到祖国探视，俨然成了张学良与祖国大陆的桥梁，对于远在夏威夷的张学良，这是一个极大的安慰吧。让他在夏威夷的时光，成为一个美好的暮年。

# 骨化形销悲辞世

  风情万种的夏威夷，见证一段暮年夫妻平淡而又幸福的生活，原来最浪漫的事情，不需要玫瑰花，不需要舞会，不需要巧合，不需要绚丽的灯光，最浪漫的事，不过是一对白头夫妻每天傍晚在海边散步吹风的身影，还有脸上平静的笑容。

  经历岁月的沉淀，依然至真、至纯、至美，这是最浪漫的爱情，这是最美好的传奇。

  夏威夷的时光平静而幸福，张学良和一荻唯一忙碌的事情就是定期去教会了，他们对神学非常虔诚，一荻依然研究圣经，依然经常和张学良去参加各种教会活动。夏威夷第一华人基督教会还曾出版"毅荻见证词"，小册子中收录了从 1996 年至 1998 年张学良、赵一荻参加教会活动时的感恩见证，里面既有往事回忆，也有张学良对自己的人生总结。赵一荻在解释"毅荻"的含义时说，张学良字毅，号汉卿。两人共同发表文章，因此使用毅荻的名字。

  他们从来都是志趣相投，纵然生活孤寂，亦不会无趣。

  然而，不如人意的是，移居夏威夷后，他们的身体一直不好，张学良的腿部得了关节炎，而一荻的身体状况更差，眼睛不好，且经常生病，有一次甚至转变为肺炎住院几乎死亡。

1999 年冬天，在经历过安逸的秋天之后，一荻再次生病住院，这次病情非常严重，正当许多人都为她担心的时候，一荻却又在度过一个严冬之后，奇迹般的好了起来。2000 年 5 月，一荻和张学良同在夏威夷举行祝寿活动，其间，许多人特地来看望久病初愈的一荻，却没有想到，祝寿活动刚结束，她刚刚得到控制的病情却又发生了突变。也许是由于出席教会活动和为张学良举行寿庆活动太过劳累，一荻又病倒了，6 月初，她的身体状况大不如前，经常感到难以忍受。

一荻多年来都有每天清晨起来诵读《圣经》的习惯，可是到了 6 月 7 日，她已经无法自己起床完成这件事了，她太虚弱了。这天晚上，她突然发生呼吸困难等症状，急诊之后恢复正常。在 11 日又重新复发，严重的呼吸困难让一荻的脸色变得青紫，张学良急忙送她去檀香山史特劳比医院进行抢救。

而此时的一荻，已经进入了生命的弥留阶段，严重的呼吸困难让她无法延续生命，虽然医院用吸氧器维持她的生命，但是坚持了十天，她的病情没有一丝好转，很显然，她没有生还的可能了。征求张学良的同意后，医院摘除了一荻的呼吸器，因为这种做法对一荻没有一丝帮助，只会增加她的痛苦。

张学良寸步不离地守在一荻的病床前，他的眼中濡满了泪水，他知道，眼前这位老人，这位陪伴他一生的爱人，即将离他而去。一荻努力睁开眼睛，看着张学良，看着这个她追随了一生深爱了一生陪伴了一生的男人，他老了，他彻底老了，她一分一秒地看着他，从年轻气盛的少帅，变为满脸沧桑的老者。她感到满足，莫名的满足，一荻此刻虚弱得无法说话，只能深情地望着张学良，她的一生即将结束，就这样结束，她不后悔。唯一的遗憾只是为什么不能再多陪他一段之间，一分，一秒，多一分一秒，也是巨大的恩赐。一荻知道，张学良只有自己，现在她就要离开了，谁来陪伴安慰这个孤独的老人呢？谁来照顾他，听他讲话，陪他去海滩散步？她无比留恋地，深深地，深深地将他望进眼中。

她终于要走了，留下他一个人。

摘除呼吸器后两个小时，2000年6月22日11点11分，一荻微弱的呼吸停止了，她告别了这个人间。

看到陪伴自己一生的爱人闭上双眼，张学良终于忍不住放声大哭，他死死地抓住一荻的手，他不想一荻看见自己伤心的样子，想让她安详地走，可是，她走了，她居然真的就这样走了，抛下他一个人。在场的亲友看到张学良悲痛的哭泣，皆为之动容。

美国当地报纸于赵一荻病逝当天发布的讣告说：一代红颜知己，终在檀香山香消玉殒了。从1997年开始，赵四小姐经常进檀香山一家美国教会医院进行医治，身体状况也明显衰弱。后来只能依靠坐轮椅出行代步。1998年和1999年冬天，赵四小姐的病情加重，多次在檀香山的医院里求诊。直到2000年6月她不慎在清早下床时重重地跌了一跤，住进医院以后，从此就陷入长期的昏迷之中，直至她与世长辞。另一张华人报纸写道：张学良老年丧偶，情何以堪？款款深情，只能追忆了！

2000年6月29日上午，一荻的追思会以基督教的礼仪形式在檀香山的波威克殡仪馆里隆重举行。她的灵柩前簇拥着五彩缤纷的鲜花，灵前花环层层，挽幛如雪。一切都是那么圣洁，那么安详，似乎这不是一场葬礼，一荻是去了另外一个美好的地方，她是虔诚的教徒，如今，是前往天国，在主的怀抱中得到永生。

参加葬礼的除美国夏威夷当地华人之外，还有从洛杉矶、芝加哥、旧金山和纽约等地闻讯赶来的亲友，祖国大陆和台湾、香港等地的友人也云集于此。张学良始终一言不发，沉默而哀痛地坐在旁边的轮椅上，他想安静地送她最后一程。

主持葬礼的牧师是一荻和张学良多年的友人，他发表悼词说：赵一荻女士当年情愿放弃人间的一切，跟随张将军软禁，有如《圣经》里童女怀孕一样，是个不可能的使命。然而她却做了，而且做得那么真诚，那么至善至美，那么让世人皆惊，那么流传青史！她这样做不

240

为别的，纯粹是为了爱。这爱远比台湾最近流行的《人间四月天》更专、更纯、更久远！她当时真正和汉卿先生互许一个未来，共担一个未来，这个未来是暗淡的，是黑暗的，但是她无怨无悔；最后在上帝的带领下，这未来竟盼到了火奴鲁鲁（夏威夷附近的一个岛屿）明亮的阳光和自由空气！

是的，一荻的一生便是如此，为爱舍身，不顾一切。

一荻的墓地，坐落在美国檀香山附近寺院的山腰间。这里距风景宜人的檀香山只有 10 英里，与赵四小姐生前和张学良所居住的夏威夷海滨约有 15 英里，人称神殿之谷。一荻的墓地非常简朴，然而风景非常美丽，四周一片绿意盎然。就像她自己一样，素净而且雅致。同时，她的墓地呈现出一派基督教徒所祈求的庄严肃穆，似乎在昭示着亡者圣洁的灵魂。

墓地入口处铭刻着汉字：以马利内，即基督教用语中与主同在之意，陵寝上的十字架，刻有英文 EMMANUEL，此为《圣经》中的希伯文语意与上帝同在！而墓穴旁边，由一块块花岗岩垒砌而成的墙壁上，是一荻生前就叮嘱刻上的墓志铭，那是《圣经》中约翰福音第 11 章 25 节中的诗句：复活在我，生命也在我，信我的人虽然死了，亦必复活！

一荻是虔诚的基督徒，张学良亦希望她故去的灵魂能升入天国获得永生。

神殿之谷中赵一荻的墓地，安详而肃穆地伫立在绚丽的夕阳之下，等待着她深爱的人。

这是一个美好的爱情故事，张学良 2001 年逝世，与一荻合葬于此。他们生不同时，死要同穴，他们的爱情，是一生一世，是生生世世。

被称为"文妖"的香港作家李碧华，关于爱情，有这样的描述。

这便是爱情：大概一千万人之中，才有一双梁祝，才可以化蝶。其他的只化为蛾、蟑螂、蚊子、苍蝇、金龟子……就是化不成蝶。并无想象中的美丽。

那么张学良与赵一荻，便是那一千万人中化蝶的梁祝了，所以他们美丽，所以他们是传奇。

而张学良的原配妻子于凤至，大概就没有这样的幸运了。她是股市中的奇女子，她购买两栋豪宅，建造豪华的双人墓地，却始终等不来她想要见到的人。三个人的恩怨情仇，终于在几十载春秋过后，渐渐烟消云散。于凤至是最先离去的那个人，她用一生的时间去等待，即使与张学良脱离婚姻关系，也始终以张夫人自称。

当初，她离开大陆来美国治病，却不想和张学良竟成了永别。定居洛杉矶以后，于凤至花高价买下两栋别墅，一处是著名影星英格丽·褒曼生前住过的林泉别墅，另一处是伊丽莎白·泰勒的旧居，两处别墅相邻。她把两处别墅都按当年北京顺城王府内家里的居住式样装饰起来，她自己住一处，把另一处留给张学良，她对孙辈们说："我将所有的钱都用在买房子上，就是希望将来你们的祖父一旦有自由的时候，这别墅就可以作为他和赵绮霞两人共度晚年的地方。这也是我给他最好的礼物了。"此时的她，还在幻想着与丈夫重聚的那一天。

她将思念通过书信与电话传递，即便联系也有诸多限制，只能互报平安，她说："每知他安康，我唯有痛哭。"

她是用情至深的女子，奈何却无缘成为张学良身边那个陪他一生一世的人。

爱情，本是两相情愿的事，一个人，再怎样凄美，又能如何。1990年3月20日下午，93岁的于凤至在一生的遗憾中闭上了眼睛，她走得如此孤寂和匆忙，来不及见分别半个世纪的张学良一眼。

洛杉矶比弗利山的玫瑰公墓，新添了一座黑色大理石墓。

葬礼后，女儿张闾瑛和女婿陶鹏飞遵照母亲"虽不同生，但要死后同穴"的遗嘱，亲自在于凤至的墓旁造一空穴，以留给于凤至心中永远的丈夫张学良。

张学良在 1991 年第一次来美国探亲时，见到的只有深爱自己的于凤至的墓碑。他们之间有遗憾，有感慨，是造化弄人，还是情深缘浅？他们终究没有那段化蝶的爱情。

两个深爱自己的女子接连离去，张学良现在真正地陷入了孤独的绝境，他会时常回忆过去，那些年的腥风血雨、悲欢离合、颠沛流离，会时时回忆和一荻之间发生的故事，很多事记不清了，已经记不清了，但是依然能感觉到心痛和深深的绝望。没有人可以再陪在他身边了，没有人。

一荻故去之后，张学良在夏威夷过着寂寞的生活，他的生活再无波澜，平静中透着疼痛与衰老的气息。他是真的衰老了，步入末路的那种衰老。

然后，他便真的步入了末路。

美国当地时间 2001 年 10 月 14 日 20 时 50 分，少帅张学良在夏威夷平静谢世，享年 101 岁。

所有的一切都结束了，无论是一段旷世的恋情，还是关于历史厚重的真相。这位历史上的风云人物，他走过了整整一个世纪的生命历程，有太多的故事，有太多的无奈，太多太多的悲欢，太多吸引我们却始终不为人知的真相。

尘埃落定，死者已矣，他，只是一个传奇，让世人传颂。

获知张学良逝世的消息后，时任中共中央领导人当天向张学良的亲属发去唁电："张学良是伟大的爱国者——张学良先生的卓越功勋和爱国风范，彪炳青史，为世人景仰。中国共产党和中国人民永远怀念张学良先生。"

2001 年 10 月 23 日，张学良的葬礼在檀香山的博思威克殡仪馆隆重举行。

张学良的遗体安放在紫铜棺中，铜棺上面覆盖着鲜花。

在宗教仪式庄严肃穆的气氛中，来自世界各地的 500 多位各界人士向张学良的遗体告别。受中国政府的委托，中国驻美国大使馆临时代办人员参加了葬礼。他在率中方人员向张学良遗体告别后，代表国家领导人和中国政府再次对张学良先生的逝世表示哀悼，并向张学良的亲属致以慰问。

然而，他是功臣还是罪人已经不重要了，无论是称他为千古功臣，还是称他为千古罪人，他一生背负着争议，自己却并不在意。正如他自己所说，他不是什么功臣，也不是什么罪人，他只是做了自己想做的，该做的。

我更愿意把他看成一个普通人，一个传奇的普通人。

这些年，张学良逝世后的这些年，关于他的各种评价、影视作品和书籍不在少数，他与赵一荻的传奇爱情，他发动"西安事变"扭转历史，他半生戎马半生幽囚，是啊，他太传奇了。可是，他亦是一个普通人，他也有缺点，也会鲁莽也会害怕，可是他的勇气、热血与爱，是我们无法企及的。就像他能成就一段化蝶的爱情，他亦能成就一段历史的进步。

透过书卷，我们更愿意看到一位军人，在复杂的政治生涯中，始终保持本真，追随本心，他是杀人无数的军阀，是风流倜傥的纨绔子弟，是招蜂惹蝶的情场浪子，却也是战功赫赫的少年英雄，用情至深的情圣，舍弃小我的民族英雄，他是如此传奇，却始终不失最朴素的初心。

我们也愿意看到一段爱情，经历了风花雪月，度过了烽火硝烟，绽放得轰轰烈烈，耐得住山中孤寂。岁月最好的洗礼，我们见证一段厚重的历史背景中，一对恋人，从繁华到平淡，从富贵到贫穷，从青春到衰老，就这样，不理世俗，相伴一生。

他不是最优秀的将军，他也曾打过败仗，也曾失去家园，可是他亦可以为了国家放弃一切；他不是最完美的情人，他爱的，或者说爱过的，不止一个女子，可是陪伴他一生的赵一荻，他愿意让她成为与自己相伴生生世世的妻。

　　足矣。

　　他的功过褒贬，其实并不重要，关于他，关于一荻，我们已知的真相，他们是伟大的人，平凡而伟大。一个为了国家置个人生死荣辱于度外，一个为了爱情置世俗礼教于度外，勇敢而追求本心的人，他们忠贞而永恒的爱情，我们知道这些，足矣。

　　往事如烟，那些美好的故事，却在每一页书香中成为永恒。